Learn Conversation Arabic:

50 Daily Arabic Conversations & Dialogues for Beginners & Intermidiate Learners

Malik Selim

SPECIAL BONUS!

Want this bonus book for **FREE**?

Get **FREE**, unlimited access to it and all of my new books by joining the Fan Base!

SCAN/W YOUR CAMERA TO JOIN!

Table Of Contents

Legal Notice: iii

Disclaimer Notice: iii

INTRODUCTION *1*

CHAPTER 1 – THE METHODOLOGY OF DIALOGUE LEARNING *3*

CHAPTER 2 – 50 DIALOGUES FOR BEGINNERS & INTERMIDIATES *7*

CONCLUSION *108*

RESOURCES *109*

INTRODUCTION

If you are learning the Arabic language right now, you are probably using a textbook series of some sort to complement your studies. Dialogues are a critical part of learning any language, as a person's conversational ability will determine their level in that language.

Practicing to speak a language while learning it is something that I am a huge advocate for, as opposed to neglecting spending time on the conversational side of a language.

When I was Learning Arabic, unfortunately, I fell into that category, and therefore my speaking skills were rustier than I had imagined. Many people don't have the confidence to practice speaking with the bit of vocabulary they have because they are afraid of being laughed at or ridiculed. However, the harsh reality is that you will never really grasp a language if you don't actively practice speaking it. You can read as many books as you like, study as many grammar and morphology rules, watch as many movies as you want; however, the thing that will ultimately separate an advanced Arabic learner from a beginner, or even worse; a mediocre one is their ability to express themselves freely.

I think that one of the main reasons why people especially struggle with Arabic is due to the lack of material that pushes conversational fluency. It's easy to be trapped in your own bubble of grammar and morphology. That bubble can be very difficult to burst without the right guidance and mentorship. This book was created as I realized that there was a lack of material for beginners that focused on the conversational side of Arabic. I have compounded 50 Arabic dialogues that are easy to follow for beginners and intermediate learners. I have made sure that they have plenty of vocabulary while being fun and engaging.

CHAPTER 1 – THE METHODOLOGY OF DIALOGUE LEARNING

Okay, so if you are a complete beginner, there is a 4-step action guide that you should follow and apply when it comes to benefiting from a dialogue.

Step #1 – Practise: The first thing you should do before reading the dialogues is listen to them (The Audiobook) and try your hardest to understand what is going on. Repeat the audio as many times as you need to. You will likely comprehend little at this stage, but the more we test our ears to the sounds of Arabic, the more prepared you will be later on when it comes to understanding the dialogues later.

Step #2 – Comprehension: This is when we now need to understand what we are listening to. Now what you want to do is pair the listening with the reading. I have vowelized all of the Arabic texts so that the absolute beginners can follow along. I would highly advise you to follow along with your fingers simultaneously while listening to the audio. Maybe you didn't quite grasp something before when you were listening to it; now is your time to read the text and go back to things that you didn't understand. Like they say, "seeing is believing."

Step #3 Processing: You would have reached this stage if you are reading and listening, but feel as if you have come to a limit in terms of what you understand without the English translation. At this stage, read the English translation and pick up more words/phrases that you didn't get initially. However, you want to exert yourself first fully. Before looking at the translation, you want to challenge yourself.

Step 4 – Ownership: Take complete ownership of what you have learned. At this stage, if you feel confident, I would recommend you to learn the plural of a singular word that appears and the singular form of a plural. You would do this by using an Arabic to English dictionary and searching for the word through there. I would also recommend you further conjugate verbs and try to form your own sentences with them (from the vocabulary you would have built up). Finally, to strengthen your writing skills, I recommend you to physically write out all of the dialogues. This will help you to pick up on the more minor details that you were perhaps previously oblivious to, e.g., that could be the spelling of a noun or the correct vowelisation of a verb. Writing will also allow you to memorize the vocabulary more easily.

In the ownership phase, you will now also be able to use phrases, words, and verbs for yourself. For e.g., if you are talking to one of your native Arab friends, you should be able to recall some (not all) of the phrases and words. Perhaps you can make a list of the words/phrases and sentences that you think are most relevant to you on some flashcards. Practice those in your own time, and when the time comes for you to express yourself with what you have learned, don't be afraid to.

Dialogues are a two-way streak, so when and if possible, go over the dialogues again with a friend or a family member, one person reading out one character, while your friend/family member takes the role of another. If this is simply not possible for you, I would advise you to practice reading out loud the dialogues to yourself, what this will do is at least make sure that you don't forget the vocabulary that you have learned, and when the time does arrive where you stumble across a person whom you can practice with, you will not be rusty, you will be ready to go!

I have tried my best to include as many topics and themes within the dialogues. Be sure to take them step by step, once at a time, don't move on to the next conversation unless you are ready.

CHAPTER 2 – 50 DIALOGUES FOR BEGINNERS & INTERMIDIATES

الْحِوَارُ الاوَّلُ

أَحْمَدُ: السَّلَامُ عَلَيْكُمْ

مُصْطَفَى: وَعَلَيْكُمُ السَّلَامُ

أَحْمَدُ: مَاسْمُكَ ؟

مُصْطَفَى: اِسْمِي مُصْطَفَى، مَاسْمُكَ ؟

أَحْمَدُ: اِسْمِي أَحْمَدَ؛ مَا جِنْسِيَّتُكَ؟

مُصْطَفَى: أَنَا أَصْلًا مِنْ بَاكِسْتَانَ، وَ مَا جِنْسِيتُكَ؟

أَحْمَدُ: أَنَا أَصْلًا مِصْرِيٌّ، فِي أَيِّ مَدِينَةٍ تَعِيشُ ؟

مُصْطَفَى: أَنَا أَعِيشُ فِي مَرْكَزِ الْمَدِينَةِ ، أَيْنَ تَعِيشُ أَنْتَ؟

أَحْمَدُ: أَنَا أَعِيشُ فِي الْقَرْيَةِ مَعَ أُسْرَتِي

مُصْطَفَى: مَا مِهْنَتُكَ ؟

أَحْمَدُ: أَنَا مُزَارِعٌ، وَ مَا مِهْنَتُكَ ؟

مُصْطَفَى: أَنَا مُعَلِّمُ رِيَاضِيَّاتٍ

أَحْمَدُ: أُرِيدُ الِانْتِقَالَ إِلَى الْمَدِينَةِ ، الْعَيْشُ فِي الْقَرْيَةِ صَعْبٌ

إِمُصْطَفَى: سَاعَدَكَ اللَّهُ

Dialogue #1

Ahmad: Peace be upon you.

Mustafa: And may peace be upon you.

Ahmad: What's your name?

Mustafa: My name is Mustafa, and what's your name?

Ahmad: My name is Ahmad, what is your nationality?

Mustafa: I am originally from Pakistan, and what is your nationality?

Ahmed: I am originally from Egpyt, in which city do you live?

Mustafa: I live in the city center, and where do you live?

Ahmed: I live in the Village with my family.

Mustafa: What is your profession?

Ahmed: I am a Farmer, and what is your profession?

Mustafa: I am a maths teacher.

Ahmed: I want to move to the city, living in the Village is hard!

Mustafa: May God help you (expression)

الْحِوَار الْحِوَارُ الثَّاني

يَحْيَى :مَا هِيَ رِيَاضَتُكَ الْمُفَضَّلَةُ ؟

أَبُو بَكْرٍ :أُحِبُّ بَعْضَ الْأَلْعَابِ الرِّيَاضِيَّةِ ، أُحِبُّ كُرَةَ الْقَدَمِ وَالتِّنْسِ وَكُرَةِ السَّلَّةِ ، وَمَا هِيَ رِيَاضَتُكَ الْمُفَضَّلَةُ ؟

يَحْيَى :أُحِبُّ أَنْ أَلْعَبَ الْكِرِيكِتْ .مَاذَا تُرِيدُ أَنْ تَكُونَ عِنْدَمَا تَكْبُرُ ؟

أَبُو بَكْرٍ :أُرِيدُ أَنْ أَصْبِحَ لَاعِبَ كُرَةِ قَدَمٍ ، وَلَكِنَّ وَالِدِي يُرِيدَانِ مِنِّي أَنْ أَصْبِحَ طَبِيبًا .وَمَاذَا تُرِيدُ أَنْ تَكُونَ عِنْدَمَا تَكْبُرُ ؟

يَحْيَى: أُرِيدُ أَنْ أَصْبِحَ مُهَنْدِسًا ، أُحِبَّ إِصْلَاحَ الْأُمُورِ

أَبُو بَكْرٍ :وَأَيُّ نَوْعٍ مِنَ الْمُهَنْدِسِينَ تُرِيدُ أَنْ تُصْبِحَ؟

يَحْيَى :أُرِيدُ أَنْ أَصْبِحَ مُهَنْدِسًا مِيكَانِيكِي ، أُحِبُّ إِصْلَاحَ السَّيَّارَاتِ

أَبُو بَكْرٍ :آمُلُ أَنْ نَتَمَكَّنَ مِنْ تَحْقِيقِ أَهْدَافِنَا مَعًا

يَحْيَى :إِنْ شَاءَ اللَّهُ، أَيُّ شَيْءٍ مُمْكِنٌ مَعَ الْعَمَلِ الشَّاقِّ

أَبُو بَكْرٍ :بِالْفِعْلِ، يَجِبُ عَلَيْنَا أَنْ نَعْمَلَ بِجَدّ

Dialogue #2

Yayha: What is your favorite sport?

Abu Bakr: I love a few sports, I love football, tennis, and basketball. And what is your favorite sport?

Yahya: I like to play cricket. What do you want to be when you get older?

Abu Bakr: I want to become a football player, but my parents want me to become a doctor. What do you want to be when you get older?

Yahya: I want to be an Engineer; I like to fix things.

Abu Bakr: What type of engineer do you want to become?

Yahya: I want to become a mechanical engineer; I like to fix cars.

Abu Bakr: I hope that we can achieve our goals together.

Yahya: God willing, anything is possible with hard work.

Abu Bakr: Indeed, (expression) we need to work hard!

<u>الْحِوَارُ الثَّالِثُ</u>

الْمُدَرِّسُ: مَاذَا تُرِيدُونَ أَنْ تَدْرُسُوا الْيَوْمَ؟

الطُّلَّابُ: نُرِيدُ أَنْ نَدْرُسَ الْعُلُومَ ، عَلَيْنَا أَنْ نَسْتَعِدَّ لِامْتِحَانِنَا فِي الشَّهْرِ الْقَادِمِ

الْمُدَرِّسُ: هَلْ يَجِبُ أَنْ نُرَكِّزَ عَلَى الْفِيزْيَاءِ أَوِ الْأَحْيَاءِ أَوِ الْكِيمْيَاءِ؟

بَدَأَ الطُّلَّابُ يَخْتَلِفُونَ فِيمَا بَيْنَهُمْ

الْمُدَرِّسُ: مِنَ الْأَفْضَلِ أَنْ نَدْرُسَ الثَّلَاثَةَ جَمِيعًا، كُلُّهُمْ مُهِمِّينَ

بَعْدَ الدَّرْسِ، اِقْتَرَبَ أَحَدُ الطُّلَّابِ مِنَ الْمُدَرِّسِ

الطَّالِبُ: أَنَا مُتَوَتِّرٌ لِلْإِمْتِحَانَاتِ ، أَنَا سَيِّئٌ فِي الْعُلُومِ

الْمُدَرِّسُ: لَا تَخَفْ، لَا يَزَالُ لَدَيْنَا الْكَثِيرُ مِنَ الْوَقْتِ لِلْمُرَاجَعَةِ لِلْإِمْتِحَانَاتِ

الطَّالِبُ: آمُلُ أَنْ أَنْجَحَ

الْمُدَرِّسُ: إِنْ شَاءَ اللَّهُ

Dialogue #3

The Teacher: What would you like to study today?

The students: We would like to study science; we have to prepare for our exam next month.

The teacher: Should we focus on physics, biology, or chemistry?

The students began to differ between themselves

The teacher: it's best if we study all three together, they are all important.

After the lesson, one of the students approached the teacher.

The student: I'm nervous about the exams, I'm bad at science.

The teacher: Don't worry, we still have plenty of time left to revise for the exams.

The student: I hope that I will pass.

The teacher: God willing.

<u>الْحِوَارُ الرَّابِعُ</u>

عُمَرُ: هَلْ أَنْتَ مَرِيضٌ؟

حُسَامٌ: نَعَمْ، أَشْعُرُ بِأَلَمٍ شَدِيدٍ فِي مَعِدَتِي

عُمَرُ: هَلْ زُرْتَ الطَّبِيبَ؟

حُسَامٌ: نَعَمْ، زُرْتُ الطَّبِيبَ، أَمَرَنِي أَنْ أَتَنَاوَلَ الدَّوَاءَ

عُمَرُ: مَا الدَّوَاءُ الَّذِي أَمَرَكَ أَنْ تَأْخُذَ

حُسَامٌ: أَمَرَنِي بِأَخْذِ الْعَسَلِ

عُمَرُ: لِلْعَسَلِ فَوَائِدُ كَثِيرَةٌ لَا يَعْرِفُهَا النَّاسُ

حُسَامٌ: وَهُنَاكَ أَيْضًا بَحْثٌ عِلْمِيٌّ بِشَأْنِ فَعَّالِيَّةِ الْعَسَلِ

عُمَرُ: وَبِالْإِضَافَةِ إِلَى ذَلِكَ، أَخْبَرَنَا اللَّهُ عَنْ فَوَائِدِه فِي الْقُرْآنِ الْكَرِيمِ،
قَالَ تَعَالَى "فِيهِ شِفَاءٌ لِلنَّاسِ"

حُسَامٌ: آمُلُ أَنْ يَتِمَّ عِلَاجِي قَرِيبًا

عُمَرُ: شَفَاكَ اللَّهُ

Dialogue #4

Omar: Are you ill?

Hussam: Yes, I a feel severe pain in my stomach.

Omar: Have you visited the doctor?

Hussam: Yes, he told me to take the medicine.

Omar: Which medicine did he tell you to take?

Hussam: He told me to take Honey.

Omar: Honey has many benefits that people do not know about.

Hussam: There's also scientific research about the effectiveness of Honey.

Omar: And in addition to that, God told us about the benefits of Honey in the noble Quran, God almighty said: "There is a cure in it (Honey)".

Hussam: I hope that I will be cured soon.

Omar: May God cure you (Expression).

<u>الْحِوَارُ الْخَامِسُ</u>

جُونْ : هَلْ يُمْكِنُ أَنْ تُخْبِرَنِي عَنْ لَنْدَنْ ، أُرِيدُ أَنْ أَنْتَقِلَ هُنَاكَ قَرِيبًا

مَارْكُوسْ : لَنْدَنْ لَدَيْهَا الْكَثِيرُ مِنَ التَّلَوُّثِ ، إِنَّهَا مَدِينَةٌ مَشْغُولَةٌ جِدًّا

جُونْ : وَ مَاذَا عَنِ الْعَمَلِ فِي لَنْدَنْ ، هَلْ هُنَاكَ الْعَدِيدُ مِنَ الْوَظَائِفِ ؟

مَارْكُوسْ : لَنْدَنْ لَدَيْهَا الْعَدِيدُ مِنَ الْوَظَائِفِ الْمُتَاحَةِ . مَا نَوْعُ الْعَمَلِ الَّذِي تَبْحَثُ عَنْهُ ؟

جُونْ : أَنَا أَبْحَثُ عَنْ وَظِيفَةِ بَنَّاءٍ

مَارْكُوسْ : هُنَاكَ الْعَدِيدُ مِنْ وَظَائِفِ الْبِنَاءِ هُنَا فِي لَنْدَنْ . لَكِنْ أَيْنَ تُخَطِّطُ لِلْعَيْشِ ؟

جُونْ : أَنَا أَبْحَثُ فِي بَعْضِ الشُّقَقِ وَالْمَنَازِلِ الْآنَ . وَلَمْ أَجِدْ شَيْئًا فِي نِطَاقِنَا السِّعْرِيِّ

مَارْكُوسْ : آمُلُ أَنْ تَتَمَكَّنَ مِنَ الْعُثُورِ عَلَى مَكَانٍ رَخِيصٍ قَرِيبًا . كَانَ مِنَ اللَّطِيفِ التَّحَدُّثُ مَعَكَ

جُونْ : مَعَ السَّلَامَةِ

Dialogue #5

John: Could you tell me about London, I want to move there soon.

Marcus: London is a city with a lot of pollution, it's a very busy city.

John: And what about work in London, is are a lot of jobs?

Marcus: London has a lot of available jobs. What type of work are you searching for?

John: I'm looking for a builder job.

Marcus: There are a lot of builder jobs in London, but where do you plan to live?

John: I'm searching for some flats and houses right now, but I haven't found anything in our price range.

Marcus: I hope that you can find a cheap place soon, it was nice speaking with you.

John: Goodbye (Expression).

<u>الْحِوَارُ السَّادِسُ</u>

الطَّبِيبُ: يَا مَرْيَمُ ، لِمَاذَا ضَغْطَ دَمُكِ مُرْتَفِعٌ جِدًّا ، مَاذَا كُنْتِ تَأْكُلِينَ ؟

مَرْيَمُ: كُنْتُ آكُلُ الْكَثِيرَ مِنْ الْأَطْعِمَةِ السُّكَّرِيَّةِ ، مِثْلَ الْحَلَوِيَّاتِ وَرَقَائِقِ الْبَطَاطِسِ

الطَّبِيبُ: عَلَيْكِ تَغْيِيرُ حِمْيَتُكِ الْغِذَائِيّ! أَنْتِ تَتَّجِه نَحْوَ مَسَارٍ خَطِيرٍ

مَرْيَمُ: مَاذَا عَلَيَّ أَنْ آكُلَ فِي نِظَامَيْ الْغِذَائِيِّ مِنْ الْآنِ فَصَاعِداً ؟

الطَّبِيبُ: أَوَّلُ شَيْءٍ عَلَيْكِ فِعْلُهُ هُوَ اِسْتِهْلَاكُ كَمِّيَّاتٍ أَقَلَّ مِنْ النَّشَوِيَّات زِيَادَةً أَيْضًا فِي كَمِّيَّةِ الْفَوَاكِهِ وَالْخَضْرَوَاتِ الَّتِي تَتَنَاوَلُهَا

مَرْيَمُ: وَ مَاذَا عَنْ الرِّيَاضَةِ ، هَلْ أُمَارِسُ أَيَّ رِيَاضَةٍ ؟

الطَّبِيبُ: قُومِي بِكَثْرَةِ مُمَارَسَةِ الرِّيَاضَةِ. فِي الشَّهْرِ الْقَادِمِ ، سَوْفَ أَقِيسُ ضَغْطَ دَمُكِ مَرَّةً أُخْرَى

مَرْيَمُ: حَسَنًاً ، سَأَفْعَلُ ذَلِكَ

<u>Dialogue #6</u>

The doctor: O Maryam! your blood pressure is very high, what have you been eating?

Maryam: I have been eating a lot of sugary foods, like sweets and potato crisps.

The doctor: You have to change your diet! you are heading towards a dangerous path.

Maryam: What shall I eat in my diet from now on (expression)?

The doctor: The first thing that you have to do is consume fewer carbohydrates. Also, increase the portion of fruits and vegetables that you eat.

Maryam: And what about sports, shall I practice any sport?

The doctor: Practice a lot of sports. In the next month, I will measure your blood pressure again.

Maryam: Ok, (expression) I will do that.

<h1 style="text-align:center">الْحِوَارُ السَّابِعُ</h1>

أنْتُونِي: هَلْ تُرِيدُ أَنْ تَأْتِيَ مَعِي إِلَى الْمَهْرَجَانِ فِي نِهَايَةِ هَذَا الْأُسْبُوعِ يَا كُونُورْ ؟

كُونُورْ: أَوَدُّ أَنْ آتِيَ ، وَلَكِنْ يَجِبُ أَنْ أُلْحَقَ بِبَعْضِ الْوَاجِبَاتِ الْمَنْزِلِيَّةِ مِنْ الْمَدْرَسَةِ

أنْتُونِي: أَلَّا يُمْكِنَكَ فِعْلُهَا بَعْدَ ذَلِكَ ؟ أَوَدُّ أَنْ تَأْتِيَ مَعِي

كُونُورْ: مَا هُوَ يَوْمُ الْمَهْرَجَانِ ؟

أنْتُونِي :السَّاعَةُ الثَّامِنَةُ مَسَاءَ يَوْمِ الْأَحَدِ

كُونُورْ: حَسَنًا ، سَأُؤَدِّي وَاجِبَاتِي الْمَنْزِلِيَّةَ وَأُحَاوِلُ أَنْ آتِيَ لِلْمَهْرَجَانِ

أنْتُونِي: أَرْجُوكَ أَنْ تَجْلِبَ بَعْضَ الْوَجِبَاتِ الْخَفِيفَةِ مَعَكَ ، سَيَكُونُ يَوْمًا سَاخِنًا!

كُونُورْ: سَنَزُورُ الْمَتْجَرَ مَعًا قَبْلَ أَنْ نَذْهَب

Dialogue #7

Anthony: Would you like to come with me to the festival at the end of this week, Connor?

Connor: I would love to come, but I have to catch up with some homework from school.

Anthony: Can you not do it after the festival?

Connor: What day is the festival?

Anthony: The festival is at 8 pm Sunday evening.

Connor: Ok (expression), I will do my homework and try to come to the festival.

Anthony: Could you please bring some snacks with you; it will be a hot day!

Connor: We will visit the supermarket together before we go.

الْحِوَارُ الثَّامِنُ

أَنْوَرُ: الْحَمْدُ لِلَّهِ عَلَى سَلَامَتِكَ يَا هَاشِمُ

هَاشِمٌ: شُكْرًا لَكَ، أَنَا بِخَيْرٍ، وَالْحَمْدُ لِلَّهِ

أَنْوَرُ: مَاذَا حَدَثَ بِكَ ، لِمَاذَا أَنْتَ هُنَا ؟

هَاشِمٌ: أُغْمِيَ عَلَيَّ عِنْدَمَا كُنْتُ فِي الْعَمَلِ. عِنْدَمَا اِسْتَيْقَظْتُ ، أَدْرَكْتُ أَنَّنِي كُنْتُ فِي الْمُسْتَشْفَى

أَنْوَرُ: مَاذَا نَصَحَكَ الطَّبِيبُ أَنْ تَفْعَلَ ؟

هَاشِمٌ: أَخْبَرَنِي أُغَيِّرَ أُسْلُوب حَيَاتِي

أَنْوَرُ: مَاذَا يَعْنِي بِذَلِكَ ؟

هَاشِمٌ: أَخْبَرَنِي أَنَّ حَيَاتِي تَتَكَوَّنُ فَقَطْ مِنْ الْعَمَلِ ، لَا يُوجَدُ فِيهَا تَرْوِيحٌ

أَنْوَرُ: يَا لَهَا مِنْ نَصِيحَةٍ! مَا هِيَ الْأَنْشِطَةُ التَّرْفِيهِيَّةُ الَّتِي سَتَبْدَأُ بِهَا ؟

هَاشِمٌ: أَوَدُّ أَنْ أَبْدَأ السِّبَاحَةَ ، وَ أَيْضًا أَحِبُّ رُكُوب الْخَيْلِ وَتَسَلُّقُ الصُّخُور

أَنْوَرُ: هَوِّنْ عَلَيْكَ! لَا تُرِيدُ إِحْرَاقَ جَسَدِكِ

<u>Dialogue #8</u>

Anwar: Thank God for your safety, Hashim.

Hashim: Thank you, I am well, and all praise belongs to God.

Anwar: What happened to you, why are you here?

Hashim: I fainted whilst I was at work. When I woke up, I realized that I was in the hospital.

Anwar: What did the doctor advise you to do?

Hashim: He told me to change the ways of my life.

Anwar: What does he mean by that?

Hashim: He said that my life only consists of work, there is no leisure activity in it.

Anwar: What great advice! (expression) what leisure activities will you start?

Hashim: I would like to start swimming; I also like horse riding and rock climbing.

Anwar: Take it easy! (Expression) you don't want to burn out your body.

<u>الْحِوَارُ التَّاسِعُ</u>

مُحَمَّدٌ: الْعُطْلَةُ عَلَى الْأَبْوَابِ، أَيْنَ سَنَذْهَبُ هَذَا الْعَامَ؟

وَالِدُهُ: أَيْنَ تُرِيدُ قَضَاءَ الْعُطْلَةِ هَذَا الصَّيْفَ؟

مُحَمَّدٌ: أُرِيدُ الذَّهَابَ إِلَى إِسْبَانْيَا ، وَلَكِنَّ إِخْوَتِي وَأَخَوَاتِي يُرِيدُونَ الذَّهَابَ إِلَى الْبُرْتُغَالِ

وَالِدُهُ: سَنُنَاقِشُهُم جَمِيعًا كَعَائِلَةٍ عِنْدَمَا يَعُودُونَ مِنَ الْمَدْرَسَةِ

عِنْدَمَا عَادَ إِخْوَةُ مُحَمَّدٍ وَأَخَوَاتِهِ مِنَ الْمَدْرَسَةِ

الْأَبُ: إِلَى أَيْنَ تَوَدِّينَ الذَّهَابَ يَا فَاطِمَةُ؟

فَاطِمَةُ: أَوَدُّ أَنْ أَذْهَبَ إِلَى الْبُرْتُغَالْ لِزِيَارَةِ الْجِبَالِ الْجَمِيلَةِ

الْأَبُ: وَمَاذَا عَنْكَ يَا أَحْمَدُ؟

أَحْمَدُ: أُرِيدُ زِيَارَةَ الْبُرْتُغَالْ لِلشَّوَاطِئِ وَالْقِلَاعِ وَالْمَعَالِمِ الْأَثَرِيَّةِ الْجَمِيلَةِ

الْأَبُ: حَسَنًا ، سَنَذْهَبُ إِلَى الْبُرْتُغَالِ ثَمَّ .أَحْزِمُوا حَقَائِبَكُمْ يَا أَطْفَالُ سَوْفَ نَذْهَبُ الْأُسْبُوعَ الْقَادِمَ

<h1 style="text-align:center"><u>Dialogue #9</u></h1>

Mohammed: The holidays are around the corner (Expression), where will we be traveling this year?

His father: Where would you like to spend the holiday this year?

Mohammed: I would like to go to Spain, but my brothers and sisters want to go to Portugal.

His father: We will discuss it as a family together when they come back from school.

When Mohammed's brothers and sisters came back from school:

The father: Where would you like to go, Fatima?

Fatima: I would like to go to Portugal to see the beautiful mountains.

The father: And what about you, Ahmed?

Ahmed: I want to go to Portugal for the beaches, the castles, and the beautiful monuments.

The father: Ok (Expression), we will go to Portugal then. Pack your bags children, we will be going next week.

الْحِوَارُ الْعَاشِرُ

الْأُمُّ: لِمَاذَا أَنْتَ قَلِقٌ جِدًّا يَا بُنَيَّ ؟
عَبْدُ الرَّحْمَنِ: أُرِيدُ أَنْ أَتَزَوَّجَ ، لَكِنَّنِي لَمْ أَجِدْ الزَّوْجَةَ الْمُنَاسِبَةَ بَعْدُ

الْأُمُّ: هَذِهِ لَيْسَتْ مُشْكِلَةً يَنْبَغِي الْقَلَقُ بِشَأْنِهَا ، فَهُنَاكَ الْكَثِيرُ مِنَ الْفَتَيَاتِ الْمُتَاحَاتِ
عَبْدُ الرَّحْمَنِ: هَلْ تَعْرِفِينَ أَيَّ شَخْصٍ يُنَاسِبُنِي؟

الْأُمُّ: أَعْرِفُ عَنْ فَاطِمَةَ بِنْتِ مَالِكٍ
عَبْدُ الرَّحْمَنِ: إِنَّهَا لَيْسَتْ مُنَاسِبَةً لِي ، إِنَّهَا فَقِيرَةٌ ، لَيْسَ لَدَيْهَا مَالٌ

الْأُمُّ: مَاذَا عَنْ زَيْنَبَ بِنْتِ زَيِدٍ ؟
عَبْدُ الرَّحْمَنِ: هِيَ مِنْ عَائِلَةٍ غَنِيَّةٍ ، لَكِنَّهَا لَيْسَتْ جَمِيلَةً جِدًّا

الْأُمُّ: مَاذَا عَنْ يَاسَمِين بِنْتِ هَاشِيرَ؟
عَبْدُ الرَّحْمَنِ: إِنَّهَا جَمِيلَةٌ وَهِيَ تَنْحَدِرُ مِنْ عَائِلَةٍ غَنِيَّةٍ ، وَلَكِنَّ نَسَبَهَا لَا يَحْظَى بِشَعْبِيَّةٍ كَبِيرَةٍ
الْأُمُّ: تُرِيدُ الْجَمَالَ، وَالْمَالَ، وَ الْحَسَبَ ؟ هَذِهِ لَا تُحَقِّقُ السَّعَادَةَ!

<u>Dialogue #10</u>

The mother: Why are you so worried, son?

Abdurahman: I want to get married, but I haven't found the right wife yet.

The mother: This is not a problem you should worry about, there are many girls available.

Abdurahman: Do you know of anybody who suits me?

The mother: I know about Fatima, the daughter of Malik.

Abdurahman: She is not suitable for me; she is poor and has no money.

The mother: What about Zaynab, the daughter of Zayd?

Abdurahman: She is from a rich family, but she is not very beautiful.

The mother: What about Yasmin, the daughter of Hashir?

Abdurahman: She is beautiful and she comes from a rich family, but her tribe is not very popular.

The mother: You want beauty, wealth, and lineage?! this does not equal happiness!

الْحِوَارُ الْحَادِي عَشَر

عِمْرَانُ: أُرِيدُ أَنْ أَتْرُكَ زَوْجَتِي

الْأُمُّ: لَا حَوْلَ وَلَا قُوَّةَ الَا بِاللهِ! مَاذَا حَدَثَ؟

عِمْرَانُ: لَمْ أُحِبُّهَا بَعْدَ الْآنِ

الْأُمُّ: أَلَّا تُحِبّهَا؟ كَيْفَ عِشْتَ مَعَهَا كُلُّ هَذِهِ السَّنَوَاتِ؟

عِمْرَانُ: لَقَدْ تَغَيَّرَتْ، لَيْسَتْ كَمَا كَانَتْ ذَاتَ مَرَّةٍ

الْأُمُّ: مَا هُوَ مُخْتَلِفٌ عَنْهَا الْآنَ؟

عِمْرَانُ: لَقَدْ أَصْبَحَتْ مُهْمِلَةً، لَا تَهْتَمُّ بِي، وَلَا بِالْبَيْتِ. إِنَّهَا تَهْتَمُّ فَقَطْ
بِنَفْسِهَا وَأَصْدِقَائِهَا

الْأُمُّ: هَلْ تَحَدَّثْتَ مَعَهَا بِشَأْنِ هَذَا الْأَمْرِ؟

عِمْرَانُ: تَحَدَّثْتُ مَعَهَا مَرَّاتٍ عَدِيدَةٍ، لَكِنَّهَا عَنِيدَةٌ جِدًّا

الْأُمُّ: هَلْ تَغَيَّرْتَ أَنْتَ بِأَيِّ طَرِيقَةٍ؟

عِمْرَانُ: نَعَمْ، لَقَدْ أَصْبَحْتُ أَسْهَرُ كَثِيرًا خَارِجَ الْبَيْتِ

الْأُمُّ: قَدْ يَكُونُ هَذَا هُوَ السَّبَبَ! لَا تَسْهَرْ خَارِجَ الْبَيْتِ

<u>Dialogue #11</u>

Imran: I want to leave my wife.

The mother: There is no strength or power except with God! (Expression when you are sad or surprised) what happened?

Imran: I don't like her anymore.

The mother: You don't like her anymore? how did you live with her all of these years?

Imran: She changed; she is not the same as she once was.

The mother: What is different about her now?

Imran: She has become careless, she does not care about me, or the house. She only cares about herself and her friends.

The mother: Have you spoken to her about this matter?

Imran: I spoke to her many times, but she is very stubborn.

The mother: Did you change in any way?

Imran: Yes, I have been staying out late outside the house.

The mother: Maybe that is the reason, don't stay out late outside the house.

<u>اَلْحِوَارُ الثَّانِي عَشَرَ</u>

دَانْيَالْ: أَيْنَ تُرِيدُ أَنْ تَذْهَبَ لِتَنَاُولِ الطَّعَامِ فِي عِيدِ مِيلَادِكَ الْأُسْبُوعَ الْقَادِمَ جَاكْ ؟

جَاكْ: لَمْ أُفَكِّرْ فِي الْأَمْرِ حَتَّى الْاَنَ ، هُنَاكَ كَمِّيَّاتٌ صَغِيرَةٌ مِنَ الْمَطَاعِمِ هُنَا

دَانْيَالْ: هَلْ عَلَيْنَا الْبَحْثُ عَنْ مَطَاعِمَ قَرِيبَةٍ عَلَى الشَّبَكَةِ الدَّوْلِيَّةِ ؟

جَاكْ: هَيَّا بِنَا نَبْحَثُ عَنْهُمْ!

دَانْيَالْ: مَا نَوْعُ الطَّعَامِ الَّذِي تُحِبُّ أَكْلُهُ ؟

جَاكْ: أَحَبُّ الطَّعَامَ الْهِنْدِيَّ وَالتَّايْلَانْدِيَّ الْأَفْضَلَ

دَانْيَالْ: مَا رَأْيُكَ بِهَذَا الْمَطْعَمِ ؟

جَاكْ: لَقَدْ سَمِعْتُ عَنْ ذَلِكَ الْمَطْعَمِ ، سَمِعْتُ بَعْضَ الْأَشْيَاءِ الْجَيِّدَةِ عَنْهُ مِنْ عَائِلَتِي وَأَصْدِقَائِي

دَانْيَالْ: حَسَنَاً! هَيَّا بِنَا نَتَّصِلُ بِالْمَطْعَمِ وَنَحْجِزُ مَقَاعِدَنَا لِلْأُسْبُوعِ الْقَادِمِ السَّبْتَ

جَاكْ: أَرَاكَ الْأُسْبُوعَ الْقَادِمَ!

Dialogue #12

Daniel: Where would you like to go to get some food for your birthday next week, Jack?

Jack: I haven't thought about it yet, there are a small number of restaurants here.

Daniel: Should we search for closeby restaurants on the internet?

Jack: Let's go (expression) let's do that!

Daniel: What type of food do you like to eat?

Jack: I like Indian and Thai food the best.

Daniel: What is your opinion about this restaurant?

Jack: I have heard about that restaurant; I have heard some good things about it from my family and friends

Daniel: Ok! (Expression) let's go (Expression) contact the restaurant and book our seats for next week Saturday!

Jack: I will see you next week!

<u>الْحِوَارُ الثَّالِثَ عَشَرَ</u>

الزَّبُونُ: عَفْوًا ، هَلْ يُمْكِنُكَ أَنْ تُسَاعِدَنِي هُنَا ؟

الْمُسَاعِدُ: كَيْفَ يُمْكِنُنِي أَنْ أُسَاعِدَكَ الْيَوْمَ ؟

الزَّبُونُ: أَبْحَثُ عَنْ سُتْرَةٍ جَدِيدَةٍ لِلْشِّرَاءِ

الْمُسَاعِدُ: مَا الْمَقَاسُ الَّذِي تَبْحَثُ عَنْهُ ؟

الزَّبُونُ: أَرْتَدِي مَقَاسَ "صَغِيرًا"

الْمُسَاعِدُ: أَيُّ نَوْعٍ مِنْ الْأَلْوَانِ تُحِبُّ أَنْ تَرْتَدِيَ ؟

الزَّبُونُ: أُحِبُّ الْأَزْرَقَ وَالْأَسْوَدَ وَالْأَبْيَضَ

الْمُسَاعِدُ: مَا رَأْيُكَ فِي هَذِهِ ؟

الزَّبُونُ: أَنَا لَا أُحِبُّ التَّصْمِيمَ ، أَنَا أُحِبُّ الْمَلَابِسَ الْعَادِيَّةَ

الْمُسَاعِدُ: وَ مَاذَا عَنْ هَذِهِ ؟

الزَّبُونُ: أُحِبُّ هَذِهِ ، هَلْ يُمْكِنُنِي تَجْرِبَتُهَا فِي غُرْفَةِ قِيَاسِ الْمَلَابِسِ ؟

الْمُسَاعِدُ: بِالطَّبْعِ! اِمْشِي مُبَاشَرَةً عَلَى أَرْضِيَّةِ الْمَحَلِّ ثُمَّ خُذْ يَمِينًا ،
أَخْبِرْنِي كَيْفَ يُنَاسِبُكَ

الزَّبُونِ: شُكْرًا لَكَ!

___

31

<u>Dialogue #13</u>

The customer: Pardon me (expression), could you help me over here?

The assistant: How can I help you today?

The customer: I am searching for a new jacket to buy.

The assistant: What size are you searching for?

The customer: I wear a size "small".

The assistant: What type of colors do you like to wear?

The customer: I like blue, black and white.

The assistant: What is your opinion on this?

The customer: I don't like the design; I like plain clothes.

The assistant: And what about this one?

The customer: I like this one, can I try it out in the fitting rooms?

The assistant: Of course! (Expression) go straight down on the shop floor and then take a right, let me know how they suit you.

The customer: Thank you!

<u>الْحِوَارُ الرَّابِعَ عَشَرَ</u>

الزَّبُونُ: أَنَا أَبْحَثُ عَنْ بَعْضِ الزُّهُورِ لِزَوْجَتِي ، عِيدْ مِيلَادِهَا قَادِمٌ قَرِيبًا

مَالِكُ الْمَتْجَرِ: حَسَنًا جِدًّا. لَدَيْنَا الْكَثِيرُ مِنَ الْوُرُودِ الْحَمْرَاءَ ، هَلْ تَرْغَبُ

فِي رُؤْيَتِهِمْ ؟

الزَّبُونِ: نَعَمْ، مِنْ فَضْلِكَ

مَالِكُ الْمَتْجَرِ: إِنَّ هَذِهِ الْوَرْدَةَ وَاحِدَةٌ مِنْ أَنْدَرِ الْأَنْوَاعِ الَّتِي سَوْفَ تَجِدُهَا ،

سَوْفَ تُحِبُّهَا زَوْجَتُكَ ، فَمَا رَأْيُكَ فِي رَائِحَتِهَا ؟

الزَّبُونُ: رَائِحَتُهَا مُذْهِلَةٌ! مَا هُوَ سِعْرُ هَذِهِ الزَّهْرَةِ ؟

مَالِكُ الْمَتْجَرِ: هَذِهِ الْوَرْدَةُ ثَمَانِينَ دُولَارًا

الزَّبُونُ: هَذَا مُكَلَّفٌ جِدًّا بِالنِّسْبَةِ لِي، هَلْ يُمْكِنُكَ أَنْ تُعْطِيَنِي خَصْمٌ ؟

مَالِكُ الْمَتْجَرِ: كَمْ مِنَ الْخَصْمِ تُرِيدُ عَلَيْهَا ؟

الزَّبُونُ: سَأَشْتَرِي الزَّهْرَةَ بِخَمْسِينَ دُولَارٍ، هَلْ هَذَا مُنَاسِبٌ؟

مَالِكُ الْمَتْجَرِ: أَنَا عَادَةً لَا أُعْطِي خُصُومَاتٍ بِهَذَا الْحَجْمِ ، وَلَكِنْ لِأَنَّهَا

مُنَاسَبَةٌ خَاصَّةٌ سَوْفَ أَقْبَلُ بِهَا هَذِهِ الْمَرَّةَ

الزَّبُونِ: شُكْرًا جَزِيلًا ، أَنَا حَقًّا أُقَدِّرُ ذَلِكَ!

مَالِكُ الْمَتْجَرِ: لَا مُشْكِلَةَ ، أَتَمَنَّى لِزَوْجَتِكَ عِيدَ مِيلَادٍ سَعِيدٍ مِنْ أَجْلِي

Dialogue #14

The customer: I'm looking for some roses for my wife, her birthday is coming up soon.

The shop owner: Very well, we have plenty of red roses, would you like to see them?

The customer: Yes, please (expression)

The shop owner: This rose is one of the rarest types that you will find, your wife will love it. What do you think about its scent?

The customer: It smells amazing, what is the price for this rose?

The shop owner: This rose is eighty dollars.

The customer: That is very expensive for me, could you give me a discount?

The shop owner: How much of a discount would you like on it?

The customer: I will buy the rose for fifty dollars, is that fine?

The shop owner: I don't usually give discounts that large, but because this is a special occasion, I will accept it this time.

The customer: Thank you so much! I really appreciate that.

The shop owner: No problems (expression), Wish your wife a happy birthday from me.

الْحِوَارُ الْخَامِسَ عَشَرَ

عَبَّاسٌ: هَلْ يُمْكِنُكَ أَنْ تُسَاعِدَنِي فِي التَّخْطِيطِ لِلْحَفْلَةِ ؟

مَالِكٌ: بِالتَّأْكِيدِ ، أَسْتَطِيعُ مُسَاعَدَتَكَ. هَلْ تُرِيدُ الْمُسَاعَدَةَ فِي التَّسْلِيَةِ أَوِ الطَّعَامِ ؟

عَبَّاسٌ: أَحْتَاجُ إِلَى بَعْضِ الْمُسَاعَدَةِ مَعَ كِلَيْهِمَا

مَالِكٌ: حَسَنَاً ، لِنَبْدَأْ بِالطَّعَامِ. أَيُّ نَوْعٍ مِنَ الطَّعَامِ سَنَحْصُلُ عَلَيْهِ ؟

عَبَّاسٌ: لِنَحْصُلَ عَلَى طَعَامٍ هِنْدِيٍّ لِوَجْبَةِ الدَّوْرَةِ الرَّئِيسِيَّةِ ، وَبَعْضِ الْوَجَبَاتِ الْخَفِيفَةِ بَعْدَ ذَلِكَ

مَالِكٌ: فِكْرَةٌ جَيِّدَةٌ! وَمَاذَا عَنْ مَوْقِعِ الْحَفْلَةِ ، هَلْ يَجِبُ أَنْ نَسْتَأْجِرَ قَاعَةً كَبِيرَةً أَوْ قَاعَةً صَغِيرَةً ؟

عَبَّاسٌ: أَعْتَقِدَ أَنَّنَا يَجِبُ أَنْ نَسْتَأْجِرَ قَاعَةً صَغِيرَةً ، لَيْسَ لَدَيْنَا الْكَثِيرُ مِنَ الْمُوَظَّفِينَ وَالْأَسْعَارُ مُرْتَفِعَةٌ جِدًّا فِي هَذِهِ الْمَنْطِقَةِ

مَالِكٌ: فِكْرَةٌ جَيِّدَةٌ! مَاذَا عَنِ الْمُوسِيقَى ، هَلْ يَجِبُ أَنْ نَسْتَأْجِرَ فِرْقَةً حَيَّةً أَوْ دِي جِي ؟

عَبَّاسٌ: دَعُونَا نَسْتَأْجِرْ دِي جِي

مَالِكٌ: حَسَنَاً ، شُكْرَاً لِمُسَاعَدَتِكَ ، سَأَرَاكَ فِي الْحَفْلَةِ

<h1 style="text-align:center"><u>Dialogue #15</u></h1>

Abbas: Could you help me to plan the party?

Malik: Sure (Expression), I can help you. Do you need help in terms of entertainment or food?

Abbas: I need some help for both of them.

Malik: Ok (Expression), let's start with food. What type of food shall we get?

Abbas: let's get Indian food for the main course meal and some light snacks for afterward.

Malik: Good idea! and what about the location of the hall, should we hire a big hall or a small hall?

Abbas: I think we should hire a small hall; we don't have a lot of employees and the prices are very high in this area.

Malik: Great idea! what about the music, should we hire a live band or a DJ?

Abbas: let's hire a DJ.

Malik: Ok, thank you for your help, I will see you at the party.

الْحِوَارُ السَّادِسَ عَشَرَ

الزَّائِرُ : مَرْحَباً ، أَحْتَاجُ مُسَاعَدَةً فِي التَّخْطِيطِ لِعُطْلَتِي
وَكِيلُ السَّفَرِ : أَيْنَ تُرِيدُ أَنْ تَذْهَبَ ؟

الزَّائِرُ : لَمْ أُقَرِّر حَتَى الْآنَ ، لَدَيَّ بَعْضُ الدُّوَلِ عَلَى قَائِمَتِي
وَكِيلُ السَّفَرِ : هَلْ تَسْتَمْتِعُ بِالْمَنَاخِ الْبَارِدِ أَوْ الدَّافِئِ ؟

الزَّائِرُ : أَنَا أُفَضِّلُ الْمَنَاخَ الْأَكْثَرَ دِفْئًا. أُفَكِّرُ فِي زِيَارَةِ جَنُوبِ شَرْقِ آسْيَا
وَكِيلُ السَّفَرِ : حَسَنًا فِي تِلْكَ الْحَالَةِ ، لَدَيَّ بَعْضُ الْكُتَيِبَاتِ هُنَا الَّتِي قَدْ
تَرْغَبُ فِي رُؤْيَتِهَا

الزَّائِرُ : تَبْدُو الْكُتَيِبَاتِ رَائِعَةً ، أُرِيدُ زِيَارَةَ أَحَدِ هَذِهِ الْأَمَاكِنِ
وَكِيلُ السَّفَرِ : هَلْ تَعْرِفُ كَمْ تُرِيدُ أَنْ تُنْفِقَ فِي هَذِهِ الْعُطْلَةِ ؟

الزَّائِرُ : لَقَدْ وَفَّرْتُ مَا يَصِلُ إِلَى أَلْفِ دُولَارٍ لِلرِّحْلَةِ. الَّتِي تَشْمَلُ الرِّحْلَةَ
الْجَوِّيَّةَ وَالْإِقَامَةَ وَالطَّعَامَ
وَكِيلُ السَّفَرِ : خُذْ هَذِهِ الْكُتَيِبَاتِ وَفَكِّرْ فِي الْأَمْرِ. وَ أَرْجِعْ إِلَيَّ عِنْدَمَا تُرِيدُ
أَنْ تَقُومَ بِحَجْزِكَ

الزَّائِرُ : شُكْرًا لَكَ ، سَأَعُودُ إِلَيْكَ قَرِيبًا

Dialogue #16

The visitor: Hello (Expression) I need help in planning my holiday.

Travel agent: Where would you like to go?

The visitor: I haven't decided yet, I have a few countries on my list.

Travel agent: Do you like cold climates or warm ones?

The visitor: I prefer warmer climates. I am thinking of visiting Southeast Asia.

Travel agent: Ok, in that case, I have some brochures here that you might like to see.

The visitor: The brochures look fascinating; I want to visit one of these places.

Travel agent: Do you know how much you would like to spend on this trip?

The visitor: I have saved one thousand dollars for this trip. That includes the flights, the accommodation, and the food.

Travel agent: Take these brochures and think about it. Come back when you want to make your booking.

The Visitor: Thank you, I will come back to you soon.

<u>الْحِوَارُ السَّابِعَ عَشَرَ</u>

الْأُمُّ: لِمَاذَا لَمْ تُنَظِّفِي غُرْفَتُكِ يَا إِيمِي؟

إِيمِي: كُنْتُ مَشْغُولَةً بِوَاجِبَاتِي الْمَنْزِلِيَّةِ. هَلْ يُمْكِنُنِي فِعْلُهَا لَاحِقًا؟

الْأُمُّ: عَلَيْكِ أَنْ تَفْعَلِي ذَلِكَ الْآنَ، ايْمِي. كَمَا تَعْلَمِينَ أَنَّ الزُّوَّارَ قَادِمُونَ قَرِيبًا جِدًّا

إِيمِي: هَلْ يَسْتَطِيعُ أَخِي أَنْ يُسَاعِدَنِي؟ الْغُرْفَةُ فَوْضَى!

الْأُمُّ: أَخُوكِ لَيْسَ فِي الْمَنْزِلِ. سَيَكُونُ عَلَيْكِ أَنْ تَفْعَلِي كُلَّ ذَلِكَ بِنَفْسِكِ لَمْ يَكُنْ هَذَا لِيَحْدُثَ لَوْ فَعَلْتِ ذَلِكَ فِي وَقْتٍ سَابِقٍ، أيْمِي

إِيمِي: أَيْنَ الْمَكْنَسَةُ الْكَهْرَبَائِيَّةُ؟ وَسَأَحْتَاجُ أَيْضًا إِلَى الْمِمْسَحَةِ

الْأُمُّ: الْمَكْنَسَةُ الْكَهْرَبَائِيَّةُ فِي الطَّابِقِ السُّفْلِيِّ فِي غُرْفَةِ الْجُلُوسِ، وَ الْمِمْسَحَةِ فِي الْخَارِجِ فِي الْحَدِيقَةِ

إِيمِي: سَأُحَاوِلُ تَنْظِيفَ غُرْفَتِي بِالْكَامِلِ قَبْلَ أَنْ يَأْتِيَ الزُّوَّارُ. آمُلُ أَنْ أَكُونَ قَادِرَةً عَلَى الْقِيَامِ بِذَلِكَ

الْأُمُّ: إِذَا بَدَأْتِ الْآنَ، سَوْفَ تَنْتَهِي فِي الْوَقْتِ الْمُحَدَّدِ!

The mother: Why didn't you clean your room, Amy?

Amy: I was busy with my homework, can I do it later?

The mother: You have to do it now, Amy. You know that that the visitors are coming very soon.

Amy: Can my brother help me; my room is a mess!

The mother: Your brother is not at home. You will have to do it on your own. This wouldn't have happened if you did it earlier, Amy.

Amy: Where is the hoover? I will also need the mop.

The mother: The hoover is downstairs in the living room, and the mop is in the garden outside.

Amy: I will try to clean the room completely before the visitors come. I hope that I can do that.

The mother: If you start now, you will be able to finish on time.

الْحِوَارُ الثَّامِنَ عَشَرَ

الْمُعَلِّمُ: مِنَ اللَّطِيفِ مُقَابَلَتُكَ

الْأَبُ: أَنَا سَعِيدٌ لِأَنَّنَا نَجْتَمِعُ الْيَوْمَ. كَيْفَ حَالُ إِبْنِي فِي الصَّفِّ ؟

الْمُعَلِّمُ: إِبْنُكَ يَأْتِي إِلَى الصَّفِّ فِي الْوَقْتِ الْمُحَدَّدِ ، إِنَّهُ يَعْمَلُ بِجِدٍّ
وَهُوَ مُهَذَّبٌ جِدًّا. لَيْسَ لَدَيَّ شَيْءٌ سَيِّءٌ لِأَقُولُهُ عَنْهُ

الْأَبُ: وَ مَاذَا عَنْ دَرَجَاتِهِ ؟

الْمُعَلِّمُ: مِنَ الْمُتَوَقَّعِ أَنْ يَحْصُلَ عَلَى دَرَجَةٍ عَالِيَةٍ جِدًّا. وَهُوَ وَاحِدٌ
مِنْ أَذْكَى الطُّلَّابِ فِي هَذَا الصَّفِّ ، أَنَا فَخُورٌ جِدًّا بِهِ

الْأَبُ: مَاذَا يُمْكِنُهُ أَنْ يَفْعَلَ لِيَزِيدَ مِنَ التَّحَسُّنِ ؟

الْمُعَلِّمُ: هُوَ خَجُولٌ جِدًّا فِي الصَّفِّ ، إِنَّهُ لَا يُحِبُّ التَّفَاعُلَ مَعَ
مَجْمُوعَاتٍ مِنَ النَّاسِ. إِذَا تَمَكَّنَ مِنْ إِكْتِسَابِ الْمَزِيدِ مِنَ الثِّقَةِ
سَيَكُونُ طَالِبًا مُمْتَازًا

الْأَبُ: سَنَعْمَلُ مَعَهُ عَلَى ثِقَتِهِ. شُكْرًا لِوَقْتِكَ يَا مُعَلِّمُ

الْمُعَلِّمُ: لَا مُشْكِلَةَ! آمُلُ أَنْ نَلْتَقِيَ فِي الْمَرَّةِ الْقَادِمَةِ ، وَهُوَ وَاثِقٌ
وَحَيَوِيٌّ فِي الصَّفِّ

Dialogue #18

The teacher: It's nice to meet you.
The father: I'm glad we're meeting today. So how is my son doing in class?

The teacher: Your son comes to the class on time, he works very hard and he is polite. I have nothing bad to say about him
The father: What about his grades?

The teacher: He is expected to get very high grades. He is one of the smartest students in the class. I am very proud of him.
The father: What can he do to further improve?

The teacher: He is a very shy boy; he doesn't like to interact with groups of people. If he can gain more confidence, he will be an excellent student.
The father: We will work with him on his confidence, thank you for your time, teacher.

The teacher: No problem! hopefully, the next time we meet, he is more confident and livelier in class.

<h1 style="text-align:center">الْحِوَارُ التَّاسِعَ عَشَرَ</h1>

آسْيَا: يَا هَارُونُ ، مَا رَأْيُكَ ، هَلْ نُغَادِرُ الْقَرْيَةَ وَ نَسْكُنُ فِي الْعَاصِمَةِ؟

هَارُونُ: لَدَيْنَا بَيْتٌ فِي الْقَرْيَةِ ، وَلَيْسَ لَدَيْنَا بَيْتٌ فِي الْمَدِينَةِ. دَعَوْنَا لَا نُغَادِرُ

آسْيَا: لَكِنَّ فُرَصَنَا هُنَا مَحْدُودَةٌ. يُمْكِنُنَا أَنْ نَجِدَ وَظَائِفَ أَفْضَلَ فِي الْعَاصِمَةِ تَدْفَعُ أَفْضَلَ فِي الْأُجُورِ

هَارُونُ: مَاذَا عَنْ مَزْرَعَتِنَا ؟ الْمَحَاصِيلُ سَتَمُوتُ. مَاذَا سَنَفْعَلُ بِحَظِيرَتِنَا ؟

آسْيَا: يَجِبُ أَنْ نَبِيعَهَا فَوْرًا

هَارُونُ: مَنْ سَيَشْتَرِي الْحَظِيرَةَ الْقَدِيمَةَ ؟ لَا أَعْتَقِدُ أَنَّنَا سَنَتَمَكَّنُ مِنْ بَيْعِهَا

آسْيَا: لَا بُدَّ أَنْ يَكُونَ شَخْصٌ مُسْتَعِدٌّ لِشِرَائِهَا ، هُنَاكَ مُشْتَرِينَ فِي كُلِّ مَكَانٍ

هَارُونُ: مَاذَا لَوْ لَمْ نَسْتَطِعْ إِيجَادَ مُشْتَرٍ لَهَا ؟

آسْيَا: ثَمَّ سَنَبْقَى هُنَا لِلْمُسْتَقْبَلِ الْمَنْظُورِ

<h1 style="text-align:center">Dialogue #19</h1>

Asiaa: O Haroon, what is your opinion, should we leave the village and live in the capital?

Haroon: We have a house in the village, we don't have a house in the city. Let's not leave.

Asiaa: But our opportunities here are limited, we can find better jobs in the capital that pay better wages.

Haroon: What about our farm? the crops will die. What shall we do with our barn?

Asiaa: We should sell it immediately.

Haroon: Who will buy the old barn? I don't think anybody will buy it.

Asiaa: There must be someone who is ready to buy it. There are buyers everywhere.

Haroon: What if we can't find a buyer for it?

Asiaa: Then we will stay here for the foreseeable future.

الْحِوَارُ الْعِشْرِين

سِمِيثْ: مِنْ فَضْلِكَ، أَيْنَ تَقَعُ الْجَامِعَةُ ؟

هُولِي: تَقَعُ الْجَامِعَةُ فِي شَرْقِ الْمَدِينَةِ

سِمِيثْ: هَلْ تَعْرِفِينَ كَيْفَ يُمْكِنُنِي الْوُصُولُ إِلَى هُنَاكَ ؟

هُولِي: خُذْ يَسَاراً فِي نِهَايَةِ هَذَا الشَّارِعِ. سَتَرَى بَعْدَ ذَلِكَ دَوَّارٌ ، خُذْ الدَّوْرَ الثَّانِيَ عَلَى الدَّوَّارِ

سِمِيثْ: مَاذَا لَوْ ضِعْتُ ؟ هَلْ يُمْكِنُنِي أَخْذُ رَقْمِ هَاتِفِكِ فِي حَالَةٍ ؟

هُولِي: بَطَّارِيَّتِي الْهَاتِفِيِّ عَلَى وَشْكِ الْمَوْتِ. هَلْ يُمْكِنُكَ أَنْ تَسْأَلَ الْغُرَبَاءَ حَوْلَكَ إِذَا ضِعْتَ ؟

سِمِيثْ: وَمَاذَا لَوْ لَمْ يَعْرِفْ أَحَدٌ الطَّرِيقَ ؟

هُولِي: سَأُعْطِيكَ هَذِهِ الْخَرِيطَةَ فَقَطْ فِي حَالَةِ حُدُوثِ ذَلِكَ. اِتَّبِعْ ذَلِكَ وَسَوْفَ تَصِلُ إِلَى وِجْهَتِكَ

سِمِيثْ: آمُلُ أَنْ أَتَمَكَّنَ مِنَ الْوُصُولِ فِي الْوَقْتِ الْمُحَدَّدِ ،لَدَيَّ مُقَابَلَةٌ مُهِمَّةٌ مَعَ مَبْدَأِ الْجَامِعَةِ ، وَآمُلُ أَنْ أَدْرُسَ هُنَا بَعْدَ اِمْتِحَانَاتِي

Dialogue #20

Smith: Pardon, where is the university located?

Holly: The university is located in the east of the city.

Smith: Do you know how I can get there?

Holly: Take a left at the end of this street. You will then see a roundabout, take the 2nd turn on the roundabout.

Smith: What if I get lost, can I take your mobile number down just in case? (expression).

Holly: My phone battery is about to die; can you ask strangers around you if you get lost?

Smith: And what if nobody knows the way?

Holly: I will give you this map just in case that happens. Follow it and you should get to your destination.

Smith: I hope that I can get there on time. I have an important meeting with the university principal. I hope to study there after my examinations.

الْحِوَارُ الْحَادِي وَالْعِشْرِينَ

الزَّبُونُ: أُرِيدُ إِعَادَةَ هَذَا الرَّادْيُو مِنْ فَضْلِكَ

الْمُسَاعِدُ: هَلْ لَدَيْكَ الْإِيصَالُ لَهُ ؟

الزَّبُونُ: لَا ، لَقَدْ نَسِيتُ ذَلِكَ فِي الْمَنْزِلِ. لَا يَزَالُ يُمْكِنُنِي إِعَادَتُهُ دُونَ الْإِيصَالِ ؟

الْمُسَاعِدُ: لِلْأَسَفِ لَا يُمْكِنُكَ. هَذِهِ هِيَ سِيَاسَةُ الْمَتْجَرِ. إِذَا عُدْتَ إِلَى دِيَارِكَ وَأَحْضَرْتَهَا ، سَنَكُونُ قَادِرِينَ عَلَى الْقِيَامِ بِذَلِكَ مِنْ أَجْلِكَ.

الزَّبُونُ: سَيَكُونُ ذَلِكَ صَعْبًا عَلَيَّ. أَنَا لَا أَعِيشُ فِي هَذِهِ الْمَنْطِقَةِ وَأَنَا هُنَا فَقَطْ لِمُدَّةٍ مُؤَقَّتَةٍ مِنَ الْوَقْتِ. هَلْ يُمْكِنُنِي التَّحَدُّثُ مَعَ مُدِيرِكَ ؟

يَتَّصِلُ الْمُسَاعِدُ بِمُدِيرِهِ

الْمُدِيرُ: مَرْحَبًا! مُسَاعِدِي أَخْبَرَنِي عَنْ سُؤَالِكَ. إِذَا لَمْ يَكُنْ لَدَيْكَ إِيصَالٌ مَعَكَ الْآنَ. يُمْكِنُكَ طَلَبُ الْعَوْدَةِ عَبْرَ الْإِنْتَرْنِتْ وَإِعَادَتُهَا إِلَى أَقْرَبِ مَتْجَرٍ إِلَيْكَ بَعْدَ ذَلِكَ. كَيْفَ يَبْدُو ذَلِكَ ؟

الزَّبُونُ: هَذَا يَبْدُو جَيِّدًا، لَكِنْ كَيْفَ أَجِدُ مَوْقِعَكُمْ ؟

الْمُدِيرُ: مَوْقِعُنَا عَلَى هَذِهِ الْبِطَاقَةِ. هُنَا ، خُذْهَا

47

<u>Dialogue #21</u>

The customer: I would like to return this radio, please.

The assistant: Do you have the receipt for it?

The customer: No, I forgot it at home. Can I still return it
without the receipt?

The assistant: Unfortunately, you are not able to. This is the
store policy. If you go back home and bring it, we will be able
to return it for you.

`. I don't live in this area and I am here only for a temporary
time. Could I please speak to your manager?

The assistant calls his manager.

The manager: Hello! (Expression) my assistant told me about
your query. If you don't have a receipt right now, you can
request a return through the internet and then return it to the
closest store to you. How does that sound?

The customer: That sounds good, but how can I find your
website?

The manager: Our website is on this card. Here, take it.

الْحِوَارُ الثَّانِي وَالْعِشْرِينَ

زَيْنَبُ : مَاذَا تَقْرَئِينَ هَذِهِ الْأَيَّامَ يَا عَائِشَةُ ؟
عَائِشَةُ : أَنَا أَقْرَأُ كُتُبًا عَنْ حَضَارَةِ الْمُسْلِمِينَ ، لَقَدْ كَانَتْ حَضَارَةً
عَظِيمَةً !

زَيْنَبُ : هَلْ تَأَثَّرَتْ أُورُوبَّا بِحَضَارَةِ الْمُسْلِمِينَ ؟
عَائِشَةُ : نَعَمْ وَقَدْ تَأَثَّرُوا بِحَضَارَةِ الْمُسْلِمِينَ . اِتَّصَلَ عُلَمَاءُ أُورُوبَّا
بِعُلَمَاءِ الْمُسْلِمِينَ . أَخَذُوا الْعِلْمَ مِنْهُمْ وَنَقَحُوا كُتُبَهُمْ

زَيْنَبُ : مَاذَا حَدَثَ مُنْذُ ذَلِكَ الْحِينِ ؟ لِمَاذَا قَصَّرَ الْمُسْلِمُونَ ؟
عَائِشَةُ : بَعْدَ تِلْكَ الْفَتْرَةِ، تَرَكَ الْمُسْلِمُونَ الْعِلْمَ وَذَهَبُوا بَعِيدًا عَنْ دِينِهِمْ

زَيْنَبُ : كَيْفَ يُمْكِنُهُمْ تَرْكُ الْعِلْمِ ، وَ الْإِسْلَامُ يَدْعُو إِلَى الْعِلْمِ ؟
عَائِشَةُ : أَحْسَنَتِ ، كَانَ أَوَّلَ أَمْرٍ فِي الْقُرْآنِ الْكَرِيمِ مِنَ اللَّهِ اقْرَأْ

زَيْنَبُ : عَلَى رَأْسِ ذَلِكَ، وَقَدْ كَانَ النَّبِيُّ صَلَّى اللَّهُ عَلَيْهِ وَسَلَّامَ يَقُولُ :
طَلَبَةُ الْعِلْمِ فَرِيضَةٌ عَلَّ كُلِّ مُسْلِمٍ
عَائِشَةُ : الْحَمْدُ لِلَّهِ ، لِأَنَّ الْمُسْلِمِينَ عَادُوا مَرَّةً أُخْرَى إِلَى طَلَبِ الْعِلْمِ .
وَهُنَاكَ الْعَدِيدُ مِنَ الْجَامِعَاتِ وَالْمَدَارِسِ الَّتِي تَنْتَشِرُ فِيهَا الْعِلْمُ الْمُفِيدُ

<u>Dialogue #22</u>

Zaynab: What are you reading these days, Aisha?

Aisha: I am reading about the civilization of the Muslims. It was a great civilization!

Zaynab: Was Europe affected by the civilization of the Muslims?

Aisha: Yes, they were affected by the civilization of the Muslims. The European scholars contacted the Muslim scholars. They took knowledge from them and revised their books.

Zaynab: What happened after that time, why did the Muslims fall short?

Aisha: After that period, the Muslims left knowledge and they went far away from their religion.

Zaynab: How can the Muslims leave knowledge, whilst Islam calls to knowledge?

Aisha: Well done/exactly (expression), the first command in the Holy Quran from God was to "Read".

Zaynab: On top of that, the Prophet may peace and blessings be upon him used to say "Seeking knowledge is mandotary upon every muslim".

Aisha: All praise be to God (expression) because the Muslims have once again returned to seeking knowledge. There are now many schools and universities where knowledge is spread.

الْحِوَارُ الثَّالِثُ وَالْعِشْرِينَ

نُوحٌ: هَلْ صَوَّتَ لِلِانْتِخَابَاتِ الْقَادِمَةِ ؟
دَانِيَالْ: نَعَمْ. أَنَا لَا أُحِبُّ النِّظَامَ الْحَالِيَّ. الْحُكُومَةُ فَاسِدَةٌ

نُوحٌ: لِمَاذَا تَقُولُ ذَلِكَ ؟
دَانِيَالْ: اِرْتَفَعَ مُعَدَّلُ الْبَطَالَةِ ، وَيَبْدُو أَنَّ الْفَقْرَ يَزْدَادُ كُلَّ عَامٍ ،
وَتُبَيِّنُ الْإِحْصَاءَاتُ أَنَّ الْحُكُومَةَ تُفَضِّلُ فِئَاتٍ مُعَيَّنَةٍ عَلَى فِئَاتٍ
أُخْرَى

نُوحٌ: وَمَا هُوَ الْحَلُّ لِهَذِهِ الْمَشَاكِلِ ؟
دَانِيَالْ: نَحْنُ نَحْتَاجُ إِلَى حُكُومَةٍ جَدِيدَةٍ مَسْؤُولَةٍ. أَرْجُو حَثَّ
أَصْدِقَائِكُمْ وَعَائِلَتِكُمْ عَلَى التَّصْوِيتِ لِلِانْتِخَابَاتِ. لَا يُمْكِنُنَا تَرْكُهُمْ
يُوَاصِلُونَ تَدْمِيرَ بَلَدِنَا

نُوحٌ: أَنْتَ عَلَى حَقٍّ ، نَحْنُ نَحْتَاجُ أَنْ نَضَعَ حَدًّ لِهَذَا
دَانِيَالْ: إِذَا اِسْتَمَرَّ النِّظَامُ الْحَالِيُّ. الْبَلَدُ سَيَكُونُ فِي مَكَانٍ سَيِّءٍ

نُوحٌ: أَنَا خَائِفٌ بِأَنَّنِي قَدْ أَفْقِدُ شُغْلِي. وَأَخْشَى أَنْ يَمُرَّ بِنَا رُكُودٌ
آخَرُ،وَتُصْبِحَ فُرَصُنَا مَحْدُودَةً __
51

Noah: Did you vote for the upcoming elections?

Daniel: Yes. I don't like the current regime. The government is corrupt.

Noah: Why do you say that?

Daniel: The unemployment rate has risen; it seems that poverty is increasing every year. The statistics show that the government favors certain groups over others.

Noah: And what is the solution to these problems?

Daniel: We need a new responsible government. I urge you to encourage your friends and family to vote for the elections. We can't let them continue to destroy our country.

Noah: Your right, we need to put a stop to this.

Daniel: If the current regime continues, the country will be in a bad place.

Noah: I'm worried that I might lose my job. I fear that we will go through another recession and our opportunities become limited.

<u>الْحِوَارُ الرَّابِعُ وَالْعِشْرِينَ</u>

فِيكْتُورْ: هَلْ رَأَيْتَ الْأَخْبَارَ قَبْلَ سَاعَةٍ ؟

بَوْلْ: لَا، مَاذَا حَصَلَ؟

فِيكْتُورْ: كَانَتْ هُنَاكَ سَرِقَةٌ فِي الْمَتْحَفِ الْوَطَنِيِّ. إِحْدَى اللَّوْحَاتِ سُرِقَتْ

بَوْلْ: مَنْ مِنَ الْمُحْتَمَلِ يَفْعَلُ ذَلِكَ!

فِيكْتُورْ: أَنَا لَا أَعْرِفُ. الْجَمِيعُ لَا يَزَالُ مَصْدُومًا جِدًّا. هُنَاكَ تَحْقِيقٌ وَطَنِيٌّ مُسْتَمِرٌّ وَجَائِزَةٌ ضَخْمَةٌ مِنْ خَمْسِينَ أَلْفِ دُولَارٍ لِأَيِّ شَخْصٍ يُمْكِنُهُ إِيجَادُهُ

بَوْلْ: مَاذَا تَعْتَقِدُ سَيَحْدُثُ ؟

فِيكْتُورْ: أَعْتَقِدُ أَنَّهُمْ سَيَقْبِضُونَ عَلَيْهِ فِي نِهَايَةِ الْمَطَافِ. عَلَى الرَّغْمِ مِنْ أَنَّهُ قَدْ يَسْتَغْرِقُ بَعْضَ الْوَقْتِ

بَوْلْ: هَلْ تَعْرِفُ اللَّوْحَةَ الَّتِي سُرِقَتْ ؟

فِيكْتُورْ: لَا ، وَلَكِنْ سَمِعْتُ أَنَّهَا وَاحِدَةٌ مِنَ اللَّوْحَاتِ النَّادِرَةِ مِنَ الْعُصُورِ الْقَدِيمَةِ

<u>Dialogue #24</u>

Victor: Did you see the news an hour ago?

Paul: No, what happened?

Victor: There was a robbery in the national museum, one of the paintings was stolen.

Paul: Who would possibly do that?! (Expression).

Victor: I don't know. Everybody is still very shocked. There is a national investigation ongoing and a prize of fifty thousand dollars to anybody who can find him.

Paul: What do you think will happen?

Victor: I think they will catch him eventually (Expression). Although it might take some time.

Paul: Do you know the painting that was stolen?

Victor: No, but I heard it was one of the rare paintings from ancient times.

———

<u>الْحِوَارُ الْخَامِسُ وَالْعِشْرِينَ</u>

صَلَاحٌ: أُرِيدُ أَنْ أَغْتَرِبَ إِلَى الْغَرْبِ لِلْعَمَلِ

مُهَنَّدٌ: لَكِنْ لِمَاذَا ؟ لَدَيْكَ وَظِيفَةٌ مُسْتَقِرَّةٌ هُنَا وَدَخْلٌ كَبِيرٌ

صَلَاحٌ: أُرِيدُ تَجْرِبَةَ مَشْهَدٍ جَدِيدٍ

مُهَنَّدٌ: لَكِنْ وَالِدَيْكَ يَحْتَاجُونَكَ هُنَا ، كَمَا تَعْلَمُ

صَلَاحٌ: مَا زَالَ بِإِمْكَانِي دَعْمُ وَالِدَيَّ مِنَ الْخَارِجِ

مُهَنَّدٌ: وَ مَاذَا عَنْ أَوْلَادِكَ ؟

صَلَاحٌ: أَوْلَادِي كَبُرُوا. يُمْكِنُهُمُ الْبَقَاءُ بِدُونِي

مُهَنَّدٌ: أَيْنَ سَتَبْقَى ؟ هَلْ وَفَّرَتَ أَيَّ مَالٍ ؟ تَعْرِفُ أَنَّ الْغَرْبَ أَغْلَى بِكَثِيرٍ

صَلَاحٌ: سَأَبْقَى فِي فُنْدُقٍ حَتَّى أَسْتَطِيعَ تَحَمُّلَ تَكَالِيفِ اسْتِئْجَارِ مَنْزِلٍ

مُهَنَّدٌ: هَلْ تَحَدَّثْتَ مَعَ وَالِدَيْكَ ؟ مَا رَأْيُهُمْ ؟

صَلَاحٌ: يَعْتَقِدُونَ أَنَّهَا فُرْصَةٌ جَيِّدَةٌ بِالنِّسْبَةِ لِي

مُهَنَّدٌ: آمُلُ أَنْ يَنْجَحَ كُلُّ شَيْءٍ بِالنِّسْبَةِ لَكَ ، الِانْتِقَالُ إِلَى بَلَدٍ مُخْتَلِفٍ دُونَ عَائِلَةٍ يَتَطَلَّبُ الْكَثِيرَ مِنَ الشَّجَاعَةِ. بِالتَّوْفِيقِ

Salah: I want to migrate to the west for work.

Muhanad: But why? you have a stable job here and a big income.

Salah: I want to experience a new scenery.

Muhanad: But your parents need you here, you know that.

Salah: I can still support my parents from abroad.

Muhanad: What about your children?

Salah: My children are all grown up, they can survive without me.

Muhanad: Where will you stay? have you saved up any money? you know that the west is a lot more expensive.

Salah: I will stay in a hotel until I can afford to rent out a house.

Muhanad: Have you spoken to your parents? what is their opinion?

Salah: They think that it's a good opportunity for me.

Muhanad: I hope it works out for you. Moving to a different country without a family takes a lot of courage. Good luck (Expression)

الْحِوَارُ السَّادِسُ وَالْعِشْرِينَ

جَاسْتِين: مَرْحَبًا ، أَوَدُّ أَنْ أَتَحَدَّثَ مَعَ مُدِيرِ الشَّقَّةِ ، مِنْ فَضْلِكَ

مُدِيرُ الشَّقَّةِ: مَرْحَبًا ، هَذَا هُوَ مُدِيرُ الشَّقَّةِ يَتَحَدَّثُ. كَيْفَ يُمْكِنُنِي مُسَاعَدَتُكَ ؟

جَاسْتِين: أَنَا أَتَّصِلُ لِلِاسْتِفْسَارِ عَنِ الشَّقَّةِ الَّتِي رَأَيْتُهَا فِي الشَّارِعِ الْعَالِي

مُدِيرُ الشَّقَّةِ: هَلْ تُرِيدُ رُؤْيَةَ الشَّقَّةِ ؟

جَاسْتِين: أَوَدُّ ذَلِكَ ، أَنَا مُتَاحٌ الْيَوْمَ فِي السَّاعَةِ الثَّامِنَةِ

مُدِيرُ الشَّقَّةِ: هَلْ تَعْرِفُ الطَّرِيقَ إِلَى الشَّقَّةِ ؟

جَاسْتِين: نَعَمْ ، سَأَتَمَكَّنُ مِنَ الْوُصُولِ إِلَى هُنَاكَ ، سَأَقُودُ إِلَى الشَّقَّةِ

مُدِيرُ الشَّقَّةِ: أَرْجُوكَ أَنْ تَتَأَكَّدَ مِنْ إِحْضَارِ اسْتِمَارَةِ طَلَبٍ مَعَكَ. هَلْ أُعْطِيكَ وَاحِدَةً الْآنَ ؟

جَاسْتِين: نَعَمْ مِنْ فَضْلِكَ ، سَأَكُونُ مُتَأَكِّدًا مِنْ مَلْئِهَا وَجَلْبِهَا مَعِي

Dialogue #26

Justin: Hello (Expression), I would like to speak to the apartment manager, please.

The apartment manager: Hello (expression) this is the apartment manager speaking, how can I help you?

Justin: I am calling to enquire about the apartment that I saw in the highstreet.

The apartment manager: Would you like to see the apartment?

Justin: I would love to; I am available today at eight o'clock.

The apartment manager: Do you know the way to the apartment?

Justin: Yes, I will be able to get there. I will drive to the apartment.

The apartment manager: Please make sure to bring an application form, shall I give you one now?

Justin: Yes please, I will be sure to fill it out and bring it with me.

الْحِوَارُ السَّابِعُ وَالْعِشْرِينَ

الْمَرِيضُ :مَرْحَبًا أَيُّهَا الطَّبِيبُ ، لَدَيَّ أَلَمٌ فِي الْأَسْنَانِ، مَا سَبَبُ هَذَا ؟
طَبِيبُ الْأَسْنَانِ :هَلَّا تَسْمَحُ لِي أَنْ أَفْحَصَهُمْ مِنْ أَجْلِكَ ؟

الْمَرِيضُ: نَعَمْ بِالطَّبْعِ! لَا أَسْتَطِيعُ تَحَمُّلَ هَذَا الْأَلَمِ لِفَتْرَةٍ أَطْوَلَ بِكَثِيرٍ

الطَّبِيبُ يَفْحَصُ الْأَسْنَانَ

طَبِيبُ الْأَسْنَانِ: أَسْتَطِيعُ أَنْ أَرَى أَنَّ لَدَيْكَ الْكَثِيرَ مِنَ التَّجَاوِيفِ فِي أَسْنَانِكَ مَاذَا كُنْتَ تَأْكُلُ؟
الْمَرِيضُ: لَقَدْ كَانَ لَدَيَّ الْعَدِيدُ مِنَ الصَّحَارِي السُّكَّرِيَّةِ فِي الْآوِنَةِ الْأَخِيرَةِ

طَبِيبُ الْأَسْنَانِ: عَلَيْكَ أَنْ تَقْطَعَهَا فَوْرًا. وَإِلَّا سَتُخَاطِرُ بِسُقُوطِ أَسْنَانِكَ!
الْمَرِيضُ: هَلْ يُمْكِنُكَ أَنْ تَنْصَحَنِي بِبَعْضِ الْبَدَائِلِ الصِّحِّيَّةِ ؟

طَبِيبُ الْأَسْنَانِ :اِسْتَبْدِلْ الصَّحَارِي بِوَجَبَاتٍ خَفِيفَةٍ صِحِّيَّةٍ ، مِثْلَ: اللَّوْزِ وَالْمُكَسَّرَاتِ وَالزَّبَادِي الْيُونَانِيّ

Dialogue #27

The patient: Hello doctor, I have pain in my teeth, what is the reason for this?

The dentist: Will you let me examine them for you?

The patient: Yes of course! I can't handle this pain for much longer.

The dentist examines the teeth.

The dentist: I can see that you have a lot of cavities in your teeth. What have you been eating?

The patient: I have been eating a lot of sugary desserts recently.

The dentist: You have to cut down on them immediately. Otherwise, you risk your teeth falling out!

The patient: Can you advise me with some healthy alternatives?

The dentist: Exchange the desserts with healthy snacks. Like: almonds, nuts, and Greek yogurt.

الْحِوَارُ الثَّامِنُ وَالْعِشْرِينَ

الطَّالِبُ: أُكَافِحُ مِنْ أَجْلِ تَعَلُّمِ الْعَرَبِيَّةِ. هَلْ يُمْكِنُكَ أَنْ تُسَاعِدَنِي ؟

الْمُدَرِّسُ: مَا هُوَ الَّذِي تُكَافِحُ مِنْ أَجْلِ فَهْمِهِ؟

الطَّالِبُ: لَا أَسْتَطِيعُ نُطْقَ الْحُرُوفِ جَيِّدًا. زُمَلَائِي فِي الصَّفِّ دَائِمًا يَضْحَكُونَ عَلَيَّ

الْمُدَرِّسُ: هُنَاكَ الْكَثِيرُ مِنَ الدُّرُوسِ الصَّوْتِيَّةِ الْمُتَاحَةِ فِي الْمَكْتَبَةِ عَلَيْكَ أَنْ تُمَارِسَ بِاسْتِمْرَارٍ حَتَّى تَحْصُلَ عَلَى التَّمَكُّنِ بِالْحُرُوفِ

الطَّالِبُ: مَاذَا تَنْصَحُنِي مِنْ نَاحِيَةِ الْكَلَامِ ؟ لَا أَسْتَطِيعُ التَّحَدُّثَ جَيِّدًا وَلَا أَفْهَمُ إِلَّا الْقَلِيلَ مِنَ الدَّرْسِ

الْمُدَرِّسُ: إِحْفَظْ جُزْءًا مِنَ الْقُرْآنِ ، وَبَعْضُ أَقْوَالِ النَّبِيِّ. سَيَعْتَادُ لِسَانَكَ عَلَى اللُّغَةِ

الطَّالِبُ: يَا لَهَا مِنْ نَصِيحَةٍ! سَأَفْعَلُ ذَلِكَ

<u>Dialogue #28</u>

The student: I'm struggling to learn Arabic; can you help me?
The teacher: What are you struggling to understand?

The student: I'm not able to pronounce the letters very well. My classmates are always laughing at me.
The teacher: There are many audio lessons available in the library. You have to practice them continuously until you get the letters comfortably.

The student: What would you advise me in terms of speaking? I can't speak very well and I can only understand a little from the class.
The teacher: Memorize a part of the Quran, and some of the sayings of the prophet (Hadeeth) your tongue will get used to the language.

The student: What great advice! I will do that.

الْحِوَارُ التَّاسِعُ وَالْعِشْرِينَ

تِيمُوثِي :مَرْحَبًا ، أَنَا أَبْحَثُ عَنْ سَيَّارَةٍ جَدِيدَةٍ لِلْشِّرَاءِ
وَكَالَةُ السَّيَّارَاتِ: مَا نَوْعُ السَّيَّارَةِ الَّتِي تَبْحَثُ عَنْهَا ؟

تِيمُوثِي: أَنَا أَبْحَثُ عَنْ سَيَّارَةٍ رِيَاضِيَّةٍ ، أَوَدُّ أَحْدَثَ نَمُوذَجٍ
وَكَالَةُ السَّيَّارَاتِ: مَا هِيَ مِيزَانِيَّتُكَ ؟

تِيمُوثِي: لَدَيَّ عِشْرُونَ أَلْفَ دُولَارٍ لِإِنْفَاقِهَا
وَكَالَةُ السَّيَّارَاتِ: فِي تِلْكَ الْحَالَةِ ، سَيَكُونُ لَدَيْكَ الْكَثِيرُ مِنْ الْخِيَارَاتِ
أَرْجُوكَ أَنْ تَتْبَعَنِي ، سَأُرِيكَ آخِرَ مَجْمُوعَةٍ لَنَا

يَتْبَعُ تِيمُوثِي تَاجِرَ السَّيَّارَاتِ

وَكَالَةُ السَّيَّارَاتِ :مَا رَأْيُكَ فِي هَذِهِ السَّيَّارَةِ ؟ لَدَيْهَا أَحْدَثُ الْمُوَاصَفَاتِ
وَهِيَ نَادِرَةٌ جِدًّا
تِيمُوثِي :أُحِبُّ السَّيَّارَةِ ، لَكِنَّ اللَّوْنَ لَيْسَ مِنْ نَوْعَيْ .أُفَضِّلُ الْأَلْوَانَ
الدَّاكِنَةَ
وَكَالَةُ السَّيَّارَاتِ :أَرْجِعْ الْأُسْبُوعَ الْقَادِمَ لَدَيْنَا بَعْضُ الْوَارِدَاتِ الْقَادِمَة
مِنْ أَلْمَانْيَا ، سَيَكُونُ هُنَاكَ الْعَدِيدُ مِنْ الْأَلْوَانِ لِكَيّ تَخْتَارَهَا

<u>Dialogue #29</u>

Timothy: Hello (Expression), I'm looking for a new car to buy.

Car dealership: What type of car are you looking for?

Timothy: I'm looking for a sports car, I would like the newest model.

Car dealership: What is your budget?

Timothy: I have twenty thousand dollars to spend.

Car dealership: In that case, please follow me. I will show you our latest collection.

Timothy follows the car dealer.

Car dealer: What is your opinion about this car? it has the latest specification and it is very rare.

Timothy: I like the car, but the colors are not my type. My favorite colors are the darker ones.

Car dealer: Come back next week. We have some imports coming in from Germany, there will be many colors for you to chose from.

الْحِوَارُ الثَّلَاثِينَ

جُولِي: مَرْحَبًا، هَلْ شَاهَدْتَ الْأَخْبَارَ بِالْأَمسِ؟

جَاك: لَا، مَا مَاذَا حَدَثَ؟

جُولِي: سُرِقَ بَنْكُ إِنْجِلْتَرَا، سُرِقَ الْكَثِيرَ مِنْ الْمَالِ!

جَاك: هَلْ أَنْتِ مُتَأَكِّدَةٌ؟ هَذَا لَمْ يَحْدُثْ مِنْ قَبْلُ فِي بَلَدِنَا

جُولِي: نَعَمْ أَنَا مُتَأَكِّدَةٌ. الشُّرْطَةُ لَا تَزَالُ تَبْحَثُ عَنِ اللُّصُوصِ.

يَعْتَقِدُونَ أَنَّهُمْ قَدْ فَرُّوا مِنْ الْبِلَادِ

جَاك: إِلَى أَيْنَ يُمْكِنُ أَنْ يَكُونُوا قَدْ ذَهَبُوا؟

جُولِي: أَعْتَقِدُ أَنَّهُمْ غَادَرُوا الْبَلَدَ بِالْقَارِبِ، كَانُوا سَيَقْبِضُونَ عَلَيْهِمْ

بِالتَّأْكِيدِ إِذَا حَاوَلُوا رُكُوبَ طَائِرَةٍ

جَاك: أَتَّفِقُ مَعَكِ. لَا أَسْتَطِيعُ أَنْ أَرَاهُمْ يَهْرُبُونَ لِفَتْرَةٍ أَطْوَلَ. سَوْفَ

يَتِمُّ الْقَبْضُ عَلَيْهِمْ قَرِيبًا. دَعُونَا نَأْمُلُ ذَلِكَ عَلَى أَيِّ حَالٍ

جُولِي: سَمِعْتُ أَنَّ هُنَاكَ جَائِزَةً مِلْيُونَ دُولَارٍ لِمَنْ يَسْتَطِيعُ تَحْدِيدَ

مَكَانِ تَوَاجُدِهِمْ. هَذَا جُنُونٌ!

Julie: Hello (Expression), did you see the news yesterday?

Jack: No, what happened?

Julie: The bank of England was robbed; a lot of money was stolen!

Jack: Are you sure? this has never happened before in our country.

Julie: Yes, I am sure. The police are still searching for them, they think that they may have fled the country.

Jack: Where could they have possibly gone to?

Julie: I think that they have left the country by boat, they would have surely been caught if they tried to board a plane.

Jack: I agree with you. I can't see them escaping for a lot longer, they will get caught soon, let's hope so anyway.

Julie: I heard that there is a prize of one million dollars to whoever can locate their whereabouts. That is crazy!

الْأُمُّ: لِمَاذَا تَشْعُرِينَ بِالْبُؤْسِ يَا سَارَةُ ؟

سَارَةُ: تَعَرَّضْتُ لِلتَّنَمُّرِ فِي الْمَدْرَسَةِ الْيَوْمَ

الْأُمُّ: مَنْ قَامَ بِالتَّنَمُّرِ عَلَيْكِ ؟ لِمَاذَا يَفْعَلُونَ ذَلِكَ ؟

سَارَةُ: زُمَلَائِي كَانُوا يَضْحَكُونَ عَلَى قَطْعِ شَعْرِي ، قَالُوا أَنَّنِي أَبْدُو كَمُهَرِّجٍ

الْأُمُّ: لِمَاذَا لَمْ تُخْبِرِينِي مِنْ قَبْلُ ؟ لَا تَحْتَاجِي إِلَى الْمُعَانَاةِ فِي صَمْتٍ

سَارَةُ: كُنْتُ مُحْرِجًا جِدًّا لِأُخْبِرُكِ ، لَمْ أَكُنْ أُرِيدُ أَنْ أَجْعَلَ مَشْهَدً كَبِيرً

الْأُمُّ: عَلَيْكِ أَنْ تُخْبِرِينَنِي إِذَا كَانَ أَيُّ شَيْءٍ غَيْرَ صَحِيحٍ مَعَكِ مُبَاشَرَةً فَإِنَّهُ سَيُؤَثِّرُ بِشَكْلٍ كَبِيرٍ عَلَى صِحَّتُكِ الْعَقْلِيِّ. الْوِقَايَةُ خَيْرٌ مِنَ الْعِلَاجِ،

الْأُمُّ: سَأَذْهَبُ لِلتَّحَدُّثِ مَعَ مُعَلِّمَتِكِ. سَأَتَأَكَّدُ مِنْ أَنَّ هَذَا لَنْ يَحْدُثَ مَرَّةً أُخْرَى. يَنْبَغِي أَلَّا يَتَعَرَّضَ أَيُّ طِفْلٍ لِلتَّنَمُّرِ

سَارَةُ: شُكْرًا أُمِّي ، أَنَا حَقًّا أُقَدِّرُ ذَلِكَ

Dialogue 31

The mother: Why are you feeling miserable, Sarah?
Sarah: I was bullied at school today.

The mother: Who bullied you? why would they do that?
Sarah: My classmates were laughing at my haircut, they said that I look like a clown.

The mother: Why didn't you tell me before? you don't need to suffer in silence.
Sarah: I was too embarrassed to tell you, I didn't want to create a big scene.

The mother: You have to tell me straight away if there is anything wrong with you. It will greatly affect your mental health. Prevention is better than cure (expression).

The mother: I will go and speak with your teacher. I will make sure that this does not happen again. No child should be bullied.
Sarah: Thanks mom, I really appreciate that.

<u>الْحِوَارُ الثَّانِي وَالثَّلَاثِين</u>

أُولِيفْيَا :مَنْ تِلْكَ الْمَرْأَةِ الَّتِي تَرْتَدِي الْفُسْتَانَ الْأَبْيَضَ بِجَانِبِ مَكْتَبِ الْبَرِيدِ ؟

صُوفِيَا: إِنَّهَا الْعَرُوسُ ، تَبْدُو جَمِيلَةً ، أَلَيْسَ كَذَلِكَ ؟

أُولِيفْيَا: إِنَّهَا جَمِيلَةٌ جِدًّا ، دَعُونَا نُهَنِّئُهَا عَلَى حَفْلِ زِفَافِهَا

صُوفِيَا وَأُولِيفْيَا تَقْتَرِبَانِ مِنَ الْعَرُوسِ بِعَصَبِيَّةٍ

أُولِيفْيَا: أَهْلًا. تُبْدِينَ جَمِيلَةً ، تَهَانِي عَلَى زِفَافِكِ! كَيْفَ تَشْعُرِينَ؟ نَحْنُ سُعَدَاءُ جِدًّا مِنْ أَجْلِكِ. مَتَى سَيَبْدَأُ الْحَفْلُ ؟

الْعَرُوسُ: شُكْرًا لَكُمْ. أَشْعُرُ بِالِامْتِنَانِ وَالشَّرَفِ لِتَزْوِيجِي مِنْ هَذَا الرَّجُلِ الْعَظِيمِ، سَيَبْدَأُ الْحَفْلَ بَعْدَ قَلِيلٍ ، نَحْنُ نَنْتَظِرُ وُصُولَ الْعَرِيسِ مَعَ عَائِلَتِهِ

صُوفِيَا :أَنَا سَعِيدَةٌ لِسَمَاعِ ذَلِكَ! أَيْنَ تُخَطِّطِينَ لِقَضَاءِ شَهْرِ الْعَسَلِ ؟
الْعَرُوسُ: سَنُؤَدِّي فَرِيضَةَ الْحَجِّ هَذَا الْعَامَ. لَقَدْ أَرَدْتُ دَائِمًا أَنْ أَفْعَلَ ذَلِكَ مُنْذُ مَا كُنْتُ طِفْلَةً ، إِنَّهُ يَحْدُثُ أَخِيرًا ، إِنْ شَاءَ اللَّهُ

Dialogue #32

Olivia: Who is that woman in the white dress next to the post office?

Sophia: She is the bride, she is beautiful, isn't she?

Olivia: She is very beautiful, let's congratulate her on her wedding.

Sophia and Olivia approach the bride nervously.

Olivia: Hey! (Expression) you look beautiful, congratulations on your wedding. How are you feeling? we are very happy for you. When will the ceremony start?

The bride: Thank you! I feel grateful and honored to marry such a great man. The ceremony will start shortly, we are waiting for the groom to arrive with his family.

Sophia: That is great to hear! where are you planning to spend your honeymoon?

The bride: We will be performing hajj (Muslim pilgrimage to Mecca) this year, I have always wanted to do that since I was a child. It is finally happening, God willing.

كَمِيلْ: مَرْحَباً هُنَاكَ ، أَحْتَاجُ بَعْضَ النَّصِيحَةِ. أُرِيدُ التَّوَقُّفَ عَنْ التَّدْخِينِ ، لَكِنَّنِي لَا أَعْرِفُ كَيْفِيَّةَ الِاقْتِرَابِ مِنْ هَذَا ، أَشْعُرُ أَنَّنِي مُدْمِنٌ جِدًّا عَلَى السَّجَائِرِ

مُحْسِنٌ: التَّوَقُّفُ لَيْسَ سَهْلًا وَيَطْلُبُ الْكَثِيرَ مِنَ الثَّبَاتِ. كَمْ تُدَخِّنُ مِنَ السَّجَائِرِ فِي الْيَوْمِ ؟

كَمِيلْ: فِي الْمُتَوَسِّطِ, أَدْخَنُ عُلْبَتَيْنِ عَلَى الْأَقَلِّ فِي الْيَوْمِ. فِي بَعْضِ الْأَيَّامِ يُمْكِنُنِي أَنْ أُدَخِّنَ أَكْثَرَ ، اِعْتِمَادًا عَلَى مِزَاجِي

مُحْسِنٌ: هَذِهِ عَادَةٌ سَيِّئَةٌ جِدًّا. هَلْ تَعْلَمُ كَمْ يُكَلِّفُكَ التَّدْخِينَ سَنَوِيًّا ؟ هُوَ يُضِيفُ مَا يَقْرُبُ مِنْ رُبْعِ رَاتِبُكَ السَّنَوِيِّ

كَمِيلْ: أَعْلَمُ ، أَعْلَمُ. وَلَكِنْ كَيْفَ يُمْكِنُنِي التَّوَقُّفُ ؟ هَلْ لَدَيْكَ أَيُّ نَصَائِحَ ؟

مُحْسِنٌ: لَدَيَّ بَعْضُ النَّصَائِحِ مِنْ أَجْلِكَ. نَصِيحَتِي الْأُولَى هِيَ أَنْ تُحِيطَ نَفْسَكَ مَعَ الْأَصْدِقَاءِ الَّذِينَ لَا يَنْغَمِسُونَ فِي التَّدْخِينِ ، أَنْتَ مُجَرَّدُ اِنْعِكَاسٍ لِأَصْدِقَائِكَ وَثَانِياً ، أَنْصَحُكَ أَيْضاً بِأَنْ تَبْقَى نَفْسَكَ مَشْغُولاً ، عِنْدَمَا تَجِدُ نَفْسَكَ غَيْرَ مَشْغُولاً ، اِذْهَبْ إِلَى الصَّالَةِ الرِّيَاضِيَّةِ أَوْ أَقْضِي وَقْتاً مَعَ عَائِلَتِكَ ، فَإِنَّ هَذَا سَيَمْنَعُكَ مِنَ التَّدْخِينِ أَثْنَاءَ هَذِهِ الْأَوْقَاتِ. وَأَخِيرًا ، ضَعْ خُطَّةً وَ حَاوِلْ التَّمَسُّكَ بِهَا. فَمِنَ السَّهْلِ عَلَيْكَ أَنْ تَتَوَقَّفَ تَدْرِيجِيًّا مِنْ وَقْفِ كُلِّ ذَلِكَ فِي يَوْمٍ وَاحِدٍ

كَمِيلْ: أَشْكُرُكَ كَثِيرٍ

<u>Dialogue #33</u>

Kamil: Hello there (Expression), I need some advice. I want to stop smoking, but I don't know how to approach this. I feel like I'm too addicted to cigarettes.

Muhsin: Stopping is not easy, and it requires a lot of persistence. How many cigarettes are you currently smoking in a day?

Kamil: On average, I smoke at least two packs a day. On some days, I can smoke even more, depending on my mood.

Muhsin: This is a very bad habit. Do you know how much smoking is costing you per year? It adds up to nearly a quarter of your yearly salary!

Kamil: I know, I know. But how can I stop? Do you have any tips?

Muhsin: I have a few tips for you. My number one advice is to surround yourself with friends who do not indulge in smoking; you are only a reflection of your friends. Secondly, I also advise you to keep yourself busy, when you find yourself unoccupied, go to the gym or spend time with your family. This will prevent you from smoking during these times. Lastly, make a plan and try to stick to it. It's easier for you to stop gradually than stopping it all in one day.

Kamil: Thanks a lot.

―

<u>الْحِوَارُ الرَّابِعُ وَ الثَّلَاثِينَ</u>

الْمُدَرِّسُ: لِمَاذَا جِئْتَ إِلَى الصَّفِّ مُتَأَخِّراً جِدّاً ؟ لَقَدْ فُتَّ مُلَاحَظَاتُ التَّنْقِيحِ الرَّئِيسِيَّةَ

عَلِيٌّ: كَانَ لَدَيَّ حَالَةٌ طَارِئَةٌ. أُمِّي كَانَتْ عَلَى عَجَلٍ إِلَى الْمُسْتَشْفَى وَأَجْرَتْ لَهَا عَمَلِيَّةٌ جِرَاحِيَّةٌ.

الْمُدَرِّسُ: أَنَا آسِفٌ لِسَمَاعِ ذَلِكَ. مَاذَا حَدَثَ بِهَا ؟ هَلْ سَتَكُونُ بِخَيْرٍ ؟

عَلِيٌّ: كَانَتْ لَدَيْهَا مُشْكِلَةٌ مَعَ كَبِدِهَا. اِسْتَغْرَقَتِ الْعَمَلِيَّةُ خَمْسَ سَاعَاتٍ هِيَ الْآنَ مُسْتَيْقِظَةٌ وَتَشْعُرُ بِتَحَسُّنٍ

الْمُدَرِّسُ: مَتَى تَعْتَقِدُ أَنَّ الْوَقْتَ مُنَاسِبٌ لَنَا لِزِيَارَتِهَا ؟ أَعْتَقِدُ أَنَّهُ يَنْبَغِي لَنَا جَمِيعًا زِيَارَتُهَا لِإِظْهَارِ دَعْمِنَا

عَلِيٌّ: أَخْبَرَنِي الطَّبِيبُ أَنَّ الزِّيَارَاتِ تَقْتَصِرُ فَقَطْ عَلَى ثَلَاثَةِ أَشْخَاصٍ فِي كُلِّ مَرَّةٍ ، لِكَيْ نَمْنَعَ الْفَيْرُوسَ مِنِ الِانْتِشَارِ

الْمُدَرِّسُ: فِي تِلْكَ الْحَالَةِ ، يَنْبَغِي أَنْ نُعْطِيَكَ أَنْتَ وَأُسْرَتُكَ الْأَوْلَوِيَّةَ لِلزِّيَارَةِ. نَتَمَنَّى لِأُمِّكَ الشِّفَاءَ الْعَاجِلَ وَسَنُبْقِيهَا فِي صَلَوَاتِنَا

Dialogue #34

The teacher: Why did you come to the class so late? you missed the main revision notes.

Ali: I had an emergency. My mother was rushed to the hospital. She had an operation.

The teacher: I'm sorry to hear that. What happened to her? will she be, okay?

Ali: She had a problem with her liver. The operation lasted five hours. She is now awake and feeling better.

The teacher: When do you think is the appropriate time for us to visit her? I think we should all visit her to show our support.

Ali: The Doctor told me that visits are restricted to only three people at a time so that we can prevent the virus from spreading.

The teacher: In that case, we should give you and your family the priority for visits. We wish your mother a speedy recovery and we will keep her in our prayers.

<u>الْحِوَارُ الْخَامِسُ وَالثَّلَاثِينَ</u>

رِبِيكَا: مَرْحَبًا جُولْيَا ، سَمِعْتُ أَنَّكِ سَجَّلْتِ مَعَ صَالَةِ الْأَلْعَابِ الرِّيَاضِيِّ أَنَا أَيْضاً أَتَطَلَّعُ لِلانْضِمَامِ. أَيُّهُمَا تُوصِينِي بِالانْضِمَامِ ؟

جُولْيَا: هُنَاكَ صَالَةٌ رِيَاضِيَّةٌ لَطِيفَةٌ فِي الشَّارِعِ الْعَالِي أُفْتُتِحَت مُؤَخَّرًا جِدًّا أَعْتَقِدُ قَبْلَ شَهْرٍ تَقْرِيبًا

رِبِيكَا: لِمَاذَا يَجِبُ أَنْ أَنْضَمَّ إِلَيْهَا ؟ مَا الَّذِي يَفْصِلُهَا عَنِ الْآخَرِينَ ؟

جُولْيَا: الصَّالَةُ الرِّيَاضِيَّةُ الْجَدِيدَةُ أَكْثَرُ اتِّسَاعاً. كَمَا أَنَّ هَذِهِ الصَّالَةَ الرِّيَاضِيَّةَ لَدَيْهَا أَحْدَثُ الْآلَاتِ وَأَحْدَثُ التِّقَانَةِ

رِبِيكَا: هَذَا يَبْدُو مُثِيرًا لِلِاهْتِمَامِ. سَأَبْحَثُ عَنْ هَذِهِ الصَّالَةِ الرِّيَاضِيَّةِ

جُولْيَا: بَعْضُ الْمُعَدَّاتِ صَعْبَةٌ وَ تَطْلُبُ التَّدْرِيبَ قَبْلَ أَنْ تَتَمَكَّنِي مِن اسْتِخْدَامِهَا كُونِي حَذِرَةً دَائِمًا فِي الصَّالَةِ الرِّيَاضِيَّةِ ، لَا تُرِيدُ أَنْ تُؤْذِي نَفْسَكِ

رِبِيكَا: هَلْ تَعْرِفِينَ كَيْفَ يُمْكِنُنِي الْعُثُورُ عَلَى مُدَرِّبَةٍ ؟

جُولْيَا: أَنَا سَأَسْأَلُ بِضْعَةَ أَصْدِقَائِي وَأَعُودُ إِلَيْكِ. أَمْهِلِينِي بِضْعَةَ أَيَّام

<u>Dialogue #35</u>

Rebekah: Hello Julia, I heard that you have signed up for the Gym. I am also looking to join. Which one should I join?

Julia: There is a nice Gym in the high street that was opened very recently. I think it was a month ago.

Rebekah: Why should I join this Gym? what separates it from the other Gym's?

Julia: This new gym is more spacious. Also, the new Gym has the latest machines and the latest technology.

Rebekah: That sounds interesting (expression). I will research this Gym.

Julia: Some of the equipment is tricky and requires training before you can use it. Always be careful in the Gym, you don't want to hurt yourself.

Rebekah: Do you know how I can find a trainer?

Julia: I will ask a few of my friends and get back to you. Give me a few days.

<u>الْحِوَارُ السَّادِسُ وَ الثَّلَاثِين</u>

طَارِقٌ: كَيْفَ هُوَ رُوتِينُكَ الْيَوْمِيُّ يَا نَادِرُ ؟

نَادِرٌ: لَدَيَّ جَدْوَلٌ زَمَنِيٌّ مُزْدَحِمٌ. يَجِبُ أَنْ أَسْتَيْقِظَ كُلَّ يَوْمٍ لِصَلَاةِ الْفَجْرِ أُصَلِّي فِي مَسْجِدِي الْمَحَلِّيِّ. عِنْدَمَا أَعُودُ ، أَبْدَأُ يَوْمِي بِالْقَهْوَةِ وَأَذْهَبُ إِلَى الْمَدْرَسَةِ

طَارِقٌ: كَيْفَ هُوَ يَوْمُ الدِّرَاسِيِّ الْمِثَالِيِّ بِالنِّسْبَةِ لَكَ ؟

نَادِرٌ: لَدَيْنَا خَمْسَةُ دُرُوسٍ طَوَالَ الْيَوْمِ. نَحْنُ عَادَةً نَبْدَأُ مَعَ صَفِّ اللُّغَةِ الْإِنْجِلِيزِيَّةِ فِي الصَّبَاحِ. بَعْدَ ذَلِكَ لَدَيْنَا فَصْلُ الْعُلُومِ. ثُمَّ لَدَيْنَا فَتْرَةُ اِسْتِرَاحَةٍ. بَعْدَ أَنْ نَعُودَ نَقُومُ بِالرِّيَاضِيَّاتِ. بَعْدَ الرِّيَاضِيَّاتِ لَدَيْنَا حِصَّةُ الرِّيَاضَةِ. إِنَّهُ بِلَا شَكٍّ صَفِّي الْمُفَضَّلِ الْيَوْمَ ، لِأَنَّنَا نَلْعَبُ كُرَةَ الْقَدَمِ

طَارِقٌ: كَيْفَ تَعُودُ إِلَى الْمَنْزِلِ ؟

نَادِرٌ: أَحْيَانًا تَأْتِي أُمِّي لِإِصْطِحَابِي. لَكِنْ أُفَضِّلُ أَنْ أَذْهَبَ إِلَى الْمَنْزِلِ مَعَ أَصْدِقَائِي نَحْنُ نَتَمَتَّعُ بِوَقْتٍ رَائِعٍ

طَارِقٌ: مَاذَا تَفْعَلُ فِي الْمَسَاءِ ؟

نَادِرٌ: أَوْلَوِيَّتِي دَائِمَاً أَنْ أَقُومَ بِوَاجِبِي الْمَنْزِلِيِّ أَوَّلَاً. بَعْدَ أَنْ أَفْعَلَ ذَلِكَ ، أُحِبُّ أَنْ أَلْعَبَ مَعَ وَحْدَةِ الْأَلْعَابِ الْخَاصَّةِ بِي ، الذَّهَابُ إِلَى الْحَدِيقَةِ مَعَ عَائِلَتِي وَمُشَاهَدَةُ مُسَلْسَلٍ تِلِفِزْيُونِيٍّ مَعَ أُخْتِي

Dialogue #36

Tariq: What is your daily routine like, Nadir?

Nadir: I have a busy schedule. I have to wake up every day for the dawn prayer. I pray at my local mosque. When I come back, I start my day with coffee and head to school.

Tariq: What is a typical school day like for you?

Nadir: We have five lessons throughout the day. We usually start with an English class in the morning. After that, we have a science class. We then have a break. After we come back, we do mathematics. After maths, we have our sports class. It is without a doubt my favorite class of the day because we play football.

Tariq: How do you get home?

Nadir: Sometimes my mother comes to pick me up. But I prefer to walk home with my friends. We have a great time.

Tariq: What do you do in the evening?

Nadir: My priority is always to do my homework first. After that, I like to play with my gaming console, go to the park with my family and watch a TV series with my sister.

<u>الْحِوَارُ السَّابِعُ و الثَّلَاثِين</u>

حَبِيبَةُ: مَاذَا كُنْتَ سَتَفْعَلُ لَوْ كُنْتَ عَلَى جَزِيرَةٍ مَهْجُورَةٍ لِوَحْدِكَ ؟ كَيْفَ سَتَهْرَبُ ؟

وَلِيدٌ: قَبْلَ أَنْ أُفَكِّرَ فِي الْمُغَادَرَةِ ، أَوَدُّ أَنْ أَسْتَكْشِفَ الْجَزِيرَةَ. رُبَّمَا هُنَاكَ بَعْضَ الْأَشْيَاءِ الثَّمِينَةِ الَّتِي يُمْكِنُنِي إِحْضَارُهَا مَعِي

حَبِيبَةُ: أَيُّ نَوْعٍ مِنَ الْأَشْيَاءِ الثَّمِينَةِ ؟

وَلِيدٌ: يُمْكِنُنِي أَنْ أَجِدَ بَعْضَ الْقِطَعِ النَّقْدِيَّةِ الذَّهَبِيَّةِ ، الْمَنْحُوتَاتِ ، وَزُجَاجَ الْبَحْرِ ، وَرُبَّمَا أَكْثَرَ بِكَثِيرٍ مِنْ ذَلِكَ

حَبِيبَةُ: حَسَنَاً ، لَكِنْ مَاذَا سَتَكُونُ خُطَّةُ هُرُوبِكَ ؟

وَلِيدٌ: لِلْهُرُوبِ سَأَحْتَاجُ لِلْكَثِيرِ مِنَ الطَّاقَةِ. لِذَا أَوَّلُ شَيْءٍ سَأَفْعَلُهُ هُوَ التَّأَكُّدُ مِنْ أَنَّ لَدَيَّ مَصْدَرٌ لِلطَّعَامِ. وَسَأَسْتَفِيدُ أَيْضًا مِنَ التِّكْنُولُوجِيَا قَدْرَ الْإِمْكَانِ ، وَسَأُحَاوِلُ بِنَاءَ طُوفٍ كَهْرَبَائِيٍّ وَأَتْرُكُ ذَلِكَ الطَّرِيقَ

حَبِيبَةُ: مَاذَا لَوْ لَمْ تَكُنْ قَادِراً عَلَى فِعْلِ ذَلِكَ ؟ هَلْ فَكَّرْتَ فِي خُطَّةِ الطَّوَارِئِ ؟

وَلِيدٌ: لَا لَمْ أُفَكِّرْ فِي ذَلِكَ فِي الْوَاقِعِ. وَضَعْتُ الْكَثِيرَ مِنَ الثِّقَةِ فِي خُطَّتِي الْأَوَّلِيَّةِ الَّتِي لَمْ أَكُنْ أَعْتَقِدُ أَنَّ أَيَّ شَيْءٍ يُمْكِنُ أَنْ يُحْدِثَ خَطَأً

<u>Dialogue #37</u>

Habiba: What would you do if you were on a deserted island all by yourself? How would you escape?

Waleed: Before I would even think about leaving, I would want to explore the island. Perhaps there may be some valuables that I could bring with me.

Habiba: What sort of valuable objects?

Waleed: I could find some gold coins, Sculptures, Sea glass, and perhaps a lot more.

Habiba: Ok, but what would be your escape plan?

Waleed: To escape, I would need a lot of energy. The first thing that I would do is make sure that I have a source of food. I would also make use of technology as much as I can. I would try to build an electric raft and leave that way.

Habiba: What if you are not able to do that? Do you have an emergency plan?

Waleed: No, I didn't think about that. I put too much confidence in my initial plan that I didn't believe anything could go wrong.

—

<u>الْحِوَارُ الثَّامِنُ وَ الثَّلَاثِينَ</u>

جُوشُوا: مَاذَا خَطَّطَتَ لِعُطْلَةِ نِهَايَةِ الْأُسْبُوعِ يَا كُونُورْ؟

كُونُورْ: لَيْسَ لَدَيَّ أَيُّ شَيْءٍ مُخَطَّطٍ لَهَا

جُوشُوا: لِمَاذَا لَا تَأْتِيَ مَعِي لِحَفْلَةِ عَشَاءِ أَصْدِقَائِي ؟ الْكَثِيرُ مِنْ زُمَلَاءِ الْعَمَلِ سَيَحْضُرُونَ ، أَنَا مُتَأَكِّدٌ مِنْ أَنَّكَ سَوْفَ تَجْعَلُ الْكَثِيرَ مِنَ الْأَصْدِقَاءِ الْجُدُدِ

كُونُورْ: أَيْنَ سَتَكُونُ حَفْلَةُ الْعَشَاءِ ؟

جُوشُوا: إِنَّهُ فِي بَلْدَةٍ صَغِيرَةٍ تُدْعَى يُورْكِشَايَرْ ، إِنَّهُ قِطَارُ خَمْسَ عَشْرَةَ دَقِيقَةً مِنَّا ، هَيَّا بِنَا نَذْهَبُ مَعًا

كُونُورْ: يَبْدُو كَأَنَّهُ فِكْرَةٌ جَيِّدَةٌ! هَلْ يُمْكِنُنِي جَلْبُ بَعْضِ الْأَصْدِقَاءِ مَعِي ؟

جُوشُوا: نَعَمْ يُمْكِنُكَ جَلْبُهُمْ. إِذَا كَانَ لَدَيْنَا الْوَقْتُ أُرِيدُ أَنْ أُرِيكَ الْقَرْيَةَ يُورْكِشَايَرْ. لَدَيْهَا بَعْضُ الْقِلَاعِ الْجَمِيلَةِ وَالْمَنَاظِرِ الطَّبِيعِيَّةِ وَالشَّلَالَاتِ الْمَائِيَّةِ

كُونُورْ: مَاذَا عَنِ الْجَوِّ ؟ هَلْ هُوَ عَادَةً مُشْمِسٌ أَوْ مُمْطِرٌ ؟

جُوشُوا: الْجَوُّ فِي يُورْكِشَايَرْ لَا يُمْكِنُ التَّنَبُّؤُ بِهِ. هُوَ أَفْضَلُ إِذَا جَلَبْتَ مِظَلَّةً مَعَكَ

Joshua: What have you got planned for this weekend, Connor?

Connor: I don't have anything planned.

Joshua: Why don't you come with me to my friend's dinner party? a lot of work colleagues will be attending, I'm sure you will make a lot of new friends!

Connor: Where will the dinner party be?

Joshua: It's in a small town called Yorkshire. It's a fifteen-minute train from us. Let's go together (expression).

Connor: Sounds like a good idea! can I bring some friends along with me?

Joshua: Yes, you can bring them. if we have time, I want to show you Yorkshire. It has some beautiful castles, landscapes, and waterfalls.

Connor: What about the weather? is it usually sunny or raining?

Joshua: The weather in Yorkshire is very unpredictable. It's best to bring an umbrella with you.

<u>الْحِوَارُ التَّاسِعُ وَالثَّلَاثِينَ</u>

فَاطِمَةُ: يَا أَمِيرَ ، فَاتُورَةُ الْكَهْرَبَاءِ زَادَتْ كَثِيرًا هَذَا الشَّهْرَ. مَاذَا فَعَلْتَ ؟

أَمِيرٌ: لَا عَجَبَ فِي ذَلِكَ، قَدِ اسْتَخْدَمْنَا مُؤَخَّرًا الْكَثِيرَ مِنَ الْكَهْرَبَاءِ عَلَى الْغَسَّالَةِ وَالتِّلْفَازِ وَالنَّشَافَةِ

فَاطِمَةُ: وَ أَيْضًا كُنَّا نَسْتَخْدِمُ الْحَاسُوبَ، الْمِذْيَاعَ وَالْفُرْنَ بِشَكْلٍ مُفْرِطٍ

أَمِيرٌ: كَيْفَ سَنُخْبِرُ وَالِدَّيْنَا ؟ لَقَدْ حَذَّرُونَا بِالْفِعْلِ الشَّهْرَ الْمَاضِيَ

تَقْتَرِبُ فَاطِمَةُ وَأَمِيرٌ مِنْ وَالِدَيْهِمَا لِإِخْبَارِهِمْ عَنْ فَاتُورَةِ الْكَهْرَبَاءِ

أَمِيرٌ: نَحْنُ آسِفُونَ جِدًّا يَا أُمِّي ، نَعُدُّ بِأَنَّ فَاتُورَةَ الْكَهْرَبَاءِ الْقَادِمَةِ سَتَنْخَفِضُ بِشَكْلٍ كَبِيرٍ

الْأُمُّ: هَذَا غَيْرُ مَقْبُولٍ يَا أَطْفَالُ. لِلْأَسَفِ أَنْتَ وَأُخْتُكَ لَنْ يَسْمَحَ لَكُمْ أَيَّ أَمْوَالِ جَيْبٍ لِلْأُسْبُوعَيْنِ الْقَادِمَيْنِ. يَجِبُ أَنْ تَتَعَلَّمُوا مِنْ أَخْطَائِكُمْ

أَمِيرٌ: نَحْنُ نَفْهَمُ. مَاذَا يُمْكِنُنَا أَنْ نَفْعَلَ لِاسْتِهْلَاكِ كَهْرَبَاءٍ أَقَلَّ ؟

الْأُمُّ: أَغْلِقُوا التِّلْفَازَ عِنْدَمَا لَا تَسْتَخْدِمُوهُ ، اسْتَخْدِمُوا الْمُجَفِّفَ فِي مُسْتَوٍ أَدْنَى وَاسْتَخْدِمُوا الْفُرْنَ لِدَقَائِقَ أَقَلَّ

83

<u>Dialogue #39</u>

Fatima: O Amir, the electricity bill has increased a lot this month. What have you done?

Amir: There is no surprise in that (expression). We have recently been using a lot of electricity on the washing machine, the television and the dryer.

Fatima: We have also been using the computer, the radio, and the oven in an excessive manner.

Amir: How will we tell our parents? they have already warned us last month.

Fatima and Amir approach their parents to tell them about the electricity bill.

Amir: We are so sorry Mom; we promise that the next electricity bill will decrease significantly.

The mother: This is not acceptable O children. Unfortunately, you and your sister will not have any pocket money for the next two weeks. You have to learn from your mistakes.

Amir: We understand. What can we do to consume less electricity?

The mother: Close the television when you are not using it, use the dryer at a lower level and use the oven for fewer minutes.

84

الْحِوَارُ الْإِرْبَعِينَ

نِيكْ: بَدَءَ أَزْمَةُ النِّفْطِ مَرَّةً أُخْرَى

رِيكِي: هَذَا يُفَسِّرُ سَبَبَ ارْتِفَاعِ أَسْعَارِ الْوَقُودِ فِي الْآوِنَةِ الْأَخِيرَةِ. مَحَطَّاتُ الْوَقُودِ تَحُدُّ مِنْ كَمِّيَّةِ الْبَنْزِينِ الَّتِي يُمْكِنُكَ اسْتِخْدَامُهَا.

نِيكْ: لَا أَسْتَخْدِمُ سَيَّارَتِي حَالِيًّا ، بَلْ أَمْشِي إِلَى وُجْهَاتِي الْمَحَلِّيَّةِ

رِيكِي: مَا الَّذِي سَبَّبَ هَذِهِ الْفَوْضَى بِرَأْيِكَ ؟

نِيكْ: هُنَاكَ اخْتِلَافَاتٌ فِي الْآرَاءِ بَيْنَ الْبُلْدَانِ الصِّنَاعِيَّةِ وَالْبُلْدَانِ الْمُنْتِجَةِ لِلنِّفْطِ

رِيكِي: لِمَاذَا تَعْتَقِدُ أَنَّ هَذِهِ الدُّوَلَ تَخْتَلِفُ ؟

نِيكْ: تَدْعُو الْبُلْدَانُ الصِّنَاعِيَّةُ أَنَّ الْبُلْدَانَ الْمُنْتِجَةَ لِلنِّفْطِ قَدْ رَفَعَتِ الْأَسْعَارَ. بَيْنَمَا تَدْعُو الْبُلْدَانُ الْمُنْتِجَةُ لِلنِّفْطِ أَنَّ الْبُلْدَانَ الصِّنَاعِيَّةَ تَفْرِضُ ضَرَائِبَ عَالِيَةً عَلَى الْوَقُودِ

رِيكِي: وَ مَا ذَنْبُ الَّذِينَ يَعِيشُونَ فِي الدُّوَلِ الْفَقِيرَةِ؟

نِيكْ: لَيْسَ لَدَيْهِمْ صِنَاعَاتٌ يَبِعُونَهَا وَلَا نِفْطٌ يُصَدِّرُونَهُ

<u>Dialogue #40</u>

Nick: The oil crisis has started again.

Ricky: That explains why the fuel prices have been increasing recently. Petrol stations are limiting the amount of petrol that you can consume.

Nick: I am not using my car at the moment; I'm walking to my local destinations.

Ricky: What do you think caused this mess?

Nick: There are differences of opinion between the industrialized countries and the countries who are producing the oil.

Ricky: Why do you think those countries are differening?

Nick: The industrialized countries claim that the countries producing oil have raised the price. Whereas the countries producing oil claim that the industrialized countries impose high amounts of taxes on fuel.

Ricky: And what is the blame of (expression) people living in the poor countries?

Nick: They don't have any industries to sell and they don't have any oil to export.

<u>اَلْحِوَارُ الْحَادِي وَالِارْبَعِينَ</u>

جَمَالٌ: مَا هُوَ رَأْيُكَ حَوْلَ فَيْرُوسِ كُورُونَا ؟

مُخْتَارٌ: كَانَ لِلْفَيْرُوسِ تَأْثِيرٌ سَلْبِيٌّ عَلِيَّ. لَقَدْ فَقَدْتُ الْعَدِيدَ مِنْ أَفْرَادِ الْأُسْرَةِ بِسَبَبِ الْفَيْرُوسِ

جَمَالٌ: هَلْ تَعْتَقِدُ أَنَّ اللِّقَاحَ هُوَ الْحَلُّ ؟

مُخْتَارٌ: أَعْتَقِدُ أَنَّ اللِّقَاحَ سَيَمْنَعُ اِنْتِشَارَ الْفَيْرُوسِ. أَعْتَقِدُ أَنَّنَا يَجِبُ أَنْ نَأْخُذَهُ جَمِيعًا

جَمَالٌ: مَاذَا عَنْ كُلِّ النَّظَرِيَّاتِ الْمُؤَامَرَةِ حَوْلَ الْفَيْرُوسِ ؟ هَلْ جَمِيعُهُمْ مُزَيَّفُونَ ؟

مُخْتَارٌ: أَعْتَقِدُ أَنَّهُمْ رِوَايَاتٌ خَيَالِيَّةٌ. لَقَدْ أَخْبَرَنَا الْخُبَرَاءُ بِالْفَوَائِدِ الْهَائِلَةِ لِلِّقَاحِ، مَنْ نَحْنُ لِنُجَادِلَ ؟

جَمَالٌ: أَنَا أَتَّفِقُ مَعَكَ. هَلْ تَعْتَقِدُ أَنَّ الدُّوَلَ الْفَقِيرَةَ أَقَلُّ حِمَايَةً مِنَ الْفَيْرُوسِ مِنْ الدُّوَلِ الْغَنِيَّةِ ؟

مُخْتَارٌ: نَعَمْ فَالْبُلْدَانُ الْفَقِيرَةُ لَا تَمْلِكُ نَفْسَ الْبِنْيَةِ التَّحْتِيَّةِ مُقَارَنَةً بِالْبُلْدَانِ الْغَنِيَّةِ

Jamal: What is your opinion about the Coronavirus?

Mukthar: The virus has had a negative impact on me.

I have lost several family members because of it.

Jamal: Do you believe that the vaccine is the solution?

Mukthar: I think that the vaccine will prevent the

spread of the virus. I think we should all take it.

Jamal: What about the conspiracy theories around the

virus? do you think they are all fake?

Mukthar: I think they are made-up tales. The experts

have told us the enormous benefits of the vaccine.

Who are we to argue?

Jamal: I agree with you. Do you think that poor

countries are less protected from the virus than rich

countries?

Mukthar: Yes. The poor countries don't have the

same infrastructure compared to the rich countries.

<u>الْحِوَارُ الثَّانِي وَالأَرْبَعِين</u>

امِيلْيَا: مَا هُوَ الشَّيْءُ الْوَحِيدُ الَّذِي يُزْعِجُكِ ، جُولْيَا ؟

جُولْيَا: أَكْرَهُ النَّقْلَ الْعَامَّ ، خَاصَّةً فِي أَوْقَاتِ الذُّرْوَةِ

امِيلْيَا: أَكْرَهُ عِنْدَمَا يَكُونُ الْقِطَارُ مُعَبَّأً. كَثِيرًا مَا أَجِدُ نَفْسِي وَاقِفَةً عَلَى مَتْنِ الْقِطَارِ بِسَبَبِ الازْدِحَام

جُولْيَا: خُصُوصًا فِي الصَّبَاحِ عِنْدَمَا النَّاسُ لَا تَزَالُ نِصْفَ نَائِمِينَ جَلَسْتُ مَرَّةً بِجَانِبِ شَخْصٍ مَا عَلَى الْقِطَارِ ، كَانَ يَشْخَرُ بِصَوْتٍ عَالٍ لِدَرَجَةِ أَنَّ الْقِطَارَ كُلَّهُ يُمْكِنُ أَنْ يَسْمَعَهُ!

امِيلْيَا: النَّقْلُ الْعَامُّ لَا يُمْكِنُ التَّنَبُّؤُ بِهِ. هُنَاكَ فُرْصَةٌ كَبِيرَةٌ لِلتَّأْخِيرِ وَالإِلْغَاءِ بِسَبَبِ ظُرُوفٍ غَيْرِ مُتَوَقَّعَةٍ

جُولْيَا: هَذَا هُوَ السَّبَبُ فِي أَنَّنِي أَسْتَخْدِمُ وَسَائِلَ النَّقْلِ الْعَامِّ فَقَطْ عِنْدَمَا لَا يَكُونُ لَدَيَّ خِيَارٌ آخَرُ. السَّيَّارَةُ سَتُنْقِذُكِ الْكَثِيرَ مِنَ الْمَتَاعِبِ الْغَيْرَ ضَرُورِيَّةٍ

امِيلْيَا: أَنْتِ عَلَى حَقٍّ ، أَنَا أَحْتَاجُ لِشِرَاءِ سَيَّارَةٍ لِأَجْعَلَ حَيَاتِي أَسْهَلَ

<u>Dialogue #42</u>

Amelia: What is one thing that annoys you, Julia?

Julia: I hate public transport, especially at peak times.

Amelia: I hate when the train is packed. I often find myself standing on the train because of the congestion.

Julia: Especially in the morning when people are still half asleep. I once sat next to somebody on the train, he was snoring so loudly that the whole train could hear him!

Amelia: Public Transport is unpredictable. There is a high chance of delays and cancellations because of unforeseen circumstances.

Julia: That's why I only use public transport when I have no other option. A car will save you a lot of unnecessary hassle.

Amelia: You're right, I need to buy a car to make my life easier.

الْحِوَارُ الثَّالِثُ وَالْأَرْبَعِينَ

دِيفِيدْ: مَرْحَباً، أَحْتَاجُ بَعْضَ النَّصِيحَةِ فِيمَا يَتَعَلَّقُ بِإِدَارَةِ مَالِي. أَنَا فِي السَّابِعَةِ وَالْعِشْرِينَ مِنْ عُمْرِي وَمَا زِلْتُ لَمْ أَدَّخِرْ أَيَّ مَالٍ لِتَقَاعُدِي. هَلْ يُمْكِنُكَ أَنْ تَنْصَحَنِي؟

الْمُسْتَشَارُ الْمَالِيُّ: بِالطَّبْعِ، كَمْ تُرِيدُ أَنْ تَدَّخِرَ مِنْ أَجْلِ تَقَاعُدِكَ؟

دِيفِيدْ: أَنَا لَسْتُ مُتَأَكِّدًا. أَنَا مُتَوَتِّرٌ قَلِيلًا الْآنَ مَعَ الْعَمَلِ. كَمِ الْمَبْلَغُ الَّذِي يَجِبُ تَوْفِيرُهُ؟

الْمُسْتَشَارُ الْمَالِيُّ: كَمْ سَتَدَّخِرُ سَتَعْتَمِدُ عَلَى بَعْضِ الْأَشْيَاءِ. أَيْنَ تُرِيدُ قَضَاءَ تَقَاعُدِكَ؟ أَيَّ نَوْعٍ مِنْ أَسَالِيبِ الْحَيَاةِ تُرِيدُ أَنْ تَعِيشَ؟ وَكَيْفَ سَتَكُونُ مَسْؤُولِيَّاتُكَ؟

دِيفِيدْ: أُرِيدُ صَرْفَ تَقَاعُدِي فِي أَرْضِ أُمِّي. أَنَا شَخْصٌ بَسِيطٌ، لِذَلِكَ أُحِبُّ أَنْ أَعِيشَ نَمَطَ الْحَيَاةِ الْحَدَّ الْأَدْنَى. لَيْسَ لَدَيَّ أَيَّ مَسْؤُولِيَّاتٍ، أَطْفَالِي انْتَقَلُوا جَمِيعًا قَبْلَ عَامٍ

الْمُسْتَشَارُ الْمَالِيُّ: بِنَاءً عَلَى تَجْرِبَتِي فِي التَّعَامُلِ مَعَ النَّاسِ الَّذِينَ يَتَطَابَقُونَ مَعَ هَذِهِ الْأَوْصَافِ، مِنَ الْأَفْضَلِ أَنْ تَنْضَمَّ إِلَى خُطَّةِ مَعَاشَاتِكَ التَّقَاعُدِيَّةِ فِي الْعَمَلِ. الْخُطَّةُ سَتَسْمَحُ لَكَ بِتَوْفِيرِ مَبْلَغٍ كَافٍ مِنَ الْمَالِ خِلَالَ عَشْرِ سَنَوَاتٍ مِنَ الْآنَ

<u>Dialogue #43</u>

David: Hi, I need some advice in regards to my money
management. I'm twenty-seven years old and I still haven't
saved any money for my retirement. Can you advise me?
The financial advisor: Of course, how much would you like
to save for your retirement?

David: I'm not sure. I'm a bit stressed at the moment with
work. How much is a good amount to save?
The financial advisor: How much you save will depend on
a few things. Where would you like to spend your
retirement? what sort of lifestyle would you like to live?
and what will your responsibilities be like?

David: I want to spend my retirement in my motherland.
I'm a simple person, so I like to live a minimalistic lifestyle.
I don't have any responsibilities, my children all moved out
a year ago.
The financial advisor: Based on my experience of dealing
with people that match these descriptions, it's best if you
join your pension plan at work. The plan will allow you to
save an adequate amount of money ten years from now.

<u>الْحِوَارُ الرَّابِعُ وَالْأَرْبَعِين</u>

بِيلِي: مَرْحَبًا حَمْزَةَ ، لَقَدْ سَمِعْتُ الْكَثِيرَ مِنَ الْأَشْيَاءِ الْعَظِيمَةِ عَنِ الضِّيَافَةِ الْعَرَبِيَّةِ ، هَلْ يُمْكِنُ أَنْ تُخْبِرَنِي أَكْثَرُ عَنْ ذَلِكَ ؟

حَمْزَةُ: بِالطَّبْعِ! لَا شَكَّ أَنَّ الشُّعُوبَ الْعَرَبِيَّةَ مِنْ أَكْثَرِ الشُّعُوبِ ضِيَافَةً نَحْنُ نُرَحِّبُ بِكُمْ بِأَذْرُعٍ مَفْتُوحَةٍ.

بِيلِي: سَأُسَافِرُ إِلَى الْمَمْلَكَةِ الْعَرَبِيَّةِ السُّعُودِيَّةِ هَذَا الصَّيْفَ لِمُسَابَقَةِ السِّبَاحَةِ. سَأُقِيمُ فِي مَنْزِلِ صِدِيقِي

حَمْزَةُ: الثَّقَافَةُ الْعَرَبِيَّةُ مُخْتَلِفَةٌ عَنِ الثَّقَافَةِ الْغَرْبِيَّةِ. سَتَجِدُ أَنَّهُمْ سَيُعَامِلُونَكَ مِثْلَ ابْنِهِمْ ، وَيَجْعَلُونَكَ تَشْعُرُ بِالرَّاحَةِ وَيُسَاعِدُونَكَ فِي أَيِّ شَيْءٍ تَحْتَاجُهُ

بِيلِي: سَمِعْتُ الْكَثِيرَ عَنِ الشَّايِ الْعَرَبِيِّ. مَاذَا أَتَوَقَّعُ ؟

حَمْزَةُ: إِنَّهُ مِنْ أَرْوَعِ الشَّايِ الَّذِي سَتُحَاوِلُهُ عَلَى الْإِطْلَاقِ. الْعَرَبُ يُحِبُّونَ الشَّايَ مَعَ الْحَلْوَى الْمَعْرُوفَةِ بِاسْمِ الْبَسْبُوسَا

بِيلِي: شُكْرًا عَلَى الْبَصِيرَةِ ، لَا أَسْتَطِيعُ انْتِظَارَ رِحْلَتِي إِلَى الْمَمْلَكَةِ الْعَرَبِيَّةِ السُّعُودِيَّةِ ، سَأُخْبِرُكَ كَيْفَ تَسِيرُ الْأُمُورُ!

<u>Dialogue #44</u>

Billy: Hello Hamza, I have heard a lot of great things about Arab hospitality, could you tell me a little bit more about it?

Hamza: Of course! Arab people are without a doubt one of the most hospitable, we welcome you with open arms!

Billy: I will be traveling to Saudi Arabia this summer for a swimming competition. I will be staying at my friend's house.

Hamza: Arab culture is different from western culture. You will find that they will treat you like their own son, make you feel comfortable, and help you with anything that you need.

Billy: I heard a lot about Arab tea. What shall I expect?

Hamza: It is one of the tastiest tea's you will ever try. Arabs love their tea with a dessert known as "Basbousa".

Billy: Thank you for the insight, I can't wait for my trip to Saudi Arabia. I will let you know how it goes.

<u>اَلْحِوَارُ الْخَامِسُ وَالْاَرْبَعِين</u>

أَمِيرَةُ: كَمْ عَدَدَ الْإِخْوَةِ وَالْأَخَوَاتِ لَدَيْكِ ، نَدَى ؟

نَدَى: لَدَيَّ أَخَوَيْنِ أَصْغَرُ وَأُخْتٌ أَكْبَرُ

أَمِيرَةُ: جَمِيلٌ! أَنَا الطِّفْلُ الْوَحِيدُ فِي الْعَائِلَةِ ، لِلْأَسِفِ. أَتَمَنَّى لَوْ كَانَ لَدَيَّ أَشِقَّاءُ لِلْلَعِبِ مَعَهُمْ

نَدَى: الْأَشِقَّاءُ لَيْسُوا دَائِمًا مُمْتَعِينَ وَمُتَوَافِقِينَ. أَنَا دَائِمًا أُقَاتِلُ مَعَ أَشِقَّائِي!

أَمِيرَةُ: لِمَاذَا تَفْعَلِينَ ذَلِكَ ؟

نَدَى: إِخْوَتِي الْأَصْغَرُ سِنًّا دَائِمًا يَلْتَمِسُونَ الْإِنْتِبَاهَ مِنْ وَالِدِي ، لَدَيْهِمْ إِمْتِيَازَاتٌ عَلَيَّ بِسَبَبِ سِنِّهِمْ. فِي بَعْضِ الْأَحْيَانِ ، أُخْتِي الْأَكْبَرُ تَتَصَرَّفُ مَعَ الْكَثِيرِ مِنْ الِاسْتِقْلَالِيَّةِ ، حَتَّى لَوْ كَانَتْ أَكْبَرُ مِنِّي بِسَنَةٍ فَقَطْ! هَذَا يَقُودُنِي لِلْجُنُونِ!

أَمِيرَةُ: مَا هُوَ الْحَلُّ بِرَأْيِكِ؟

نَدَى: أَعْتَقِدُ أَنَّنَا يَجِبُ أَنْ نَعْرِفَ جَمِيعًا أَمَاكِنَنَا. وَيَنْبَغِي لِلْإِخْوَةِ الْأَصْغَرِ سِنًّا أَنْ يُعَامِلُوا إِخْوَتَهُم الْأَكْبَرَ سِنًّا بِاحْتِرَامٍ ، فِي حِينٍ يَنْبَغِي لِلْإِخْوَةِ الْأَكْبَرِ سِنًّا أَيْضًا أَنْ يَحْتَرِمُوا وَيُقَدِّرُوا إِخْوَتَهُم الْأَصْغَرَ سِنًّا. يُمْكِنُ تَجَنُّبُ كُلِّ شَيْءٍ إِذَا عَرَفْنَا أَدْوَارَنَا بِشَكْلٍ صَحِيح

Dialogue #45

Amirah: How many brothers and sisters do you have, Nada?

Nada: I have two younger brothers and an older sister.

Amirah: Nice! I am the only child in the family, unfortunately. I wish I had siblings to play with.

Nada: Siblings are not always fun and compatible. I always fight with my siblings.

Amirah: Why would you do that?

Nada: My younger brothers always crave attention from my parents, they have privileges over me because of their age. Sometimes, my older sister acts with too much autonomy, even tho she is only a year older than me! it drives me crazy!

Amirah: What do you think is the solution?

Nada: I think we should all know our places. Younger siblings should treat their older siblings with respect, while the older siblings should also respect and appreciate their younger siblings. Everything can be avoided if we know our roles properly.

96

<u>الْحِوَارُ السَّادِسُ وَالْأَرْبَعِين</u>

سَلْمَانُ: مَا هُوَ خَوْفُكَ الْأَكْبَرُ فِي الْحَيَاةِ يَا آدَمُ؟

آدَمُ: لَيْسَ لَدَيَّ الْعَدِيدُ مِنَ الْمَخَاوِفِ، وَلَكِنْ شَيْءٌ وَاحِدٌ أَخْشَاهُ هُوَ عَدَمُ الْقُدْرَةِ عَلَى سَدَادِ وَالِدِي عَلَى عَمَلِهِمُ الشَّاقِّ لِتَرْبِيَتِي. لَا يُمْكِنُنَا أَبَدًا أَنْ نَفْعَلَ مَا يَكْفِي لِوَالِدَيْنَا

سَلْمَانُ: مَا هُوَ الشَّيْءُ الْوَحِيدُ الَّذِي تُرِيدُ أَنْ تَفْعَلَهُ مِنْ أَجْلِ وَالِدَيْكَ؟

آدَمُ: وَعَدْتُ وَالِدَي أَنْ أَفْعَلَ كُلَّ مَا فِي وَسْعِي لِشِرَاءِ لَهُمْ مَنْزِلٌ فِي السُّودَانِ

سَلْمَانُ: سَيَكُونُ ذَلِكَ إِنْجَازًا عَظِيمًا لِأَيِّ طِفْلٍ لِوَالِدَيْهِ. أَلَا نُرِيدُ جَمِيعًا أَنْ نَفْعَلَ ذَلِكَ مِنْ أَجْلِ وَالِدَيْنَا؟

آدَمُ: وَ مَا هُوَ أَحَدُ مَخَاوِفَكَ؟

سَلْمَانُ: كُنْتُ أَخْشَى الْفَشَلَ عِنْدَمَا كُنْتُ أَصْغَرَ سِنًّا، لَكِنَّنِي أَدْرَكْتُ أَنَّ الْفَشَلَ مَطْلُوبٌ مِنْ أَجْلِ تَشْكِيلِ مُسْتَقْبَلِكَ فِي الِاتِّجَاهِ الصَّحِيحِ. كُلُّهَا جُزْءٌ مِنَ الْعَمَلِيَّةِ

آدَمُ: كَلِمَاتٌ حَكِيمَةٌ يَا سَلْمَانُ. لَمْ أَسْتَطِعْ أَنْ أَضَعَهُ أَفْضَلُ بِنَفْسِي

<u>Dialogue #46</u>

Salman: What are your biggest fears in life, Adam?

Adam: I don't have many fears, but one thing that I fear is not being able to repay my parents for their hard work bringing me up. We can never do enough for our parents.

Salman: What is one thing that you want to do for your parents?

Adam: I promised my parents that I would do everything in my power to buy them a house in Sudan.

Salman: That would be a great achievement for any child to their parents. Wouldn't we all want to do that for our parents?

Adam: And what is one of your fears?

Salman: I used to fear failure when I was younger, but I realized that failures are needed in order to shape your future in the right direction. It's all part of the process.

Adam: Wise words Adam. I couldn't have put it better myself.

—

<u>الْحِوَارُ السَّابِعُ وَالْاَرْبَعِين</u>

فَرِيدٌ : مَا هُوَ الْمَوْسِمُ الْمُفَضَّلُ لَدَيْكَ فِي الْعَامِ ، وَلِمَاذَا ؟

هَارُونُ : أَنَا أُفَضِّلُ الصَّيْفَ الْأَكْثَرَ لِأَنَّ لَدَيْنَا سِتَّةَ أَسَابِيعَ عُطْلَةٍ مِنَ الْمَدْرَسَةِ أَحْصُلُ عَلَى الْقِيَامِ بِالْكَثِيرِ مِنَ الْأَنْشِطَةِ التَّرْفِيهِيَّةِ وَاللَّحَاقِ بِبَعْضِ النَّوْمِ!

فَرِيدٌ : أَحَبُّ الْخَرِيفَ أَفْضَلُ . التَّخْيِيمُ هُوَ شَيْءٌ نَقُومُ بِهِ كَأُسْرَةٍ كُلَّ عَامٍ

هَارُونُ : أَنَا لَا أُحِبُّ مَوْسِمَ الْخَرِيفِ لِبِضْعَةِ أَسْبَابٍ . أَوَّلًا ، هُنَاكَ الْكَثِيرُ مِنَ الْأَوْرَاقِ عَلَى الْأَرْضِ ، وَالسَّيْرُ إِلَى الْمَدْرَسَةِ تُصْبِحُ صَعْبٌ جِدًّا وَمُزْعِجاً أَيْضًا ، الْهَالَوِينُ فِي الْخَرِيفِ ، مَنْزِلُنَا دَائِمًا يَتَعَرَّضُ لِلْقَصْفِ مَعَ الْأَطْفَالِ طَلَبُ الْحَلَوِيَّاتِ ، لَا يُمْكِنُنَا اِسْتِضَافُ الْجَمِيعِ!

فَرِيدٌ : أَنَا لَا أُحِبُّ الشِّتَاءَ . الْجَوُّ بَارِدٌ جِدًّا وَعَلَيْنَا أَنْ نَرْتَدِيَ طَبَقَاتٍ مُزْدَوِجَةٍ مِنَ الْمَلَابِسِ . أَيْضًا نَفَقَاتُ التَّدْفِئَةِ تَرْتَفِعُ كَثِيرًا خِلَالَ فَصْلِ الشِّتَاءِ . فَوْقَ كُلِّ ذَلِكَ ، فَإِنَّهُ يَحْصُلُ الظَّلَامُ فِي وَقْتٍ مُبَكِّرٍ جِدًّا مِنَ الشِّتَاءِ ، لَيْسَ هُنَاكَ وَقْتٌ لِلْقِيَامِ بِأَيِّ شَيْءٍ!

هَارُونُ : الشَّيْءُ الْوَحِيدُ الَّذِي أَحَبُّ حَوْلَ الشِّتَاءِ هُوَ الثَّلْجُ . أَحَبُّ اللَّعِبَ مَعَ الثَّلْجِ مَعَ أَصْدِقَائِي وَأُسْرَتِي

<u>Dialogue #47</u>

Farid: What is your favorite season, and why?

Harun: I prefer summer the most as we have a six-week-long holiday from school. I get to do a lot of leisure activities and catch up on some sleep!

Farid: I like Autumn the most. Camping is something we do every year as a family.

Harun: I don't like the autumn season for a few reasons. Firstly, there are many leaves on the ground, and walking to school becomes very difficult and annoying. Also, Halloween is in the autumn, our house always gets bombarded with children asking for sweets, we can't accommodate everyone!

Farid: I don't like winter. The weather is really cold and we have to wear double layers of clothing. Also, the heating expenses rise a lot during the winter. On top of all of that, it gets dark very early in the winter, there is no time to do anything!

Harun: The only thing I love about the winter is the snow. I love playing in the snow with my friends and family.

إِلْيَاسْ: لَدَيَّ مُعْضِلَةٌ صَغِيرَةٌ ، هَلْ يُمْكِنُكَ أَنْ تُسَاعِدَنِي ؟

جَابِرٌ: مَا الْمُشْكِلَةُ؟

إِلْيَاسْ: هُنَاكَ فَتَاةٌ أُحِبُّ. لَكِنَّنِي لَا أَعْرِفُ كَيْفِيَّةَ الْاِقْتِرَابِ مِنْ وَالِدِهَا لِيَدِهَا فِي الزَّوَاجِ. كَرَجُلٍ مُتَزَوِّجٍ ، يُمْكِنُكَ أَنْ تُعْطِينِي بَعْضَ النَّصَائِح ؟

جَابِرٌ: رُبَّمَا لَسْتُ أَفْضَلُ شَخْصٍ أَنْ تَسْأَلَ ، لَكِنَّنِي أَوَدُّ أَنْ أَقُولَ ، كُنْ وَاثِقًا ، اِبْتَسِمْ ، اِنْخَرِطْ مَعَهُ فِي مُحَادَثَةٍ وَأَظْهَرْ لَهُ أَنَّكَ تُرِيدُ حَقًّا الزَّوَاجَ مِنْ اِبْنَتِه

إِلْيَاسْ: كَيْفَ يَجِبُ أَنْ أَتَعَامَلَ مَعَ أَيِّ اِعْتِرَاضَاتٍ ؟

جَابِرٌ: عَلَيْكَ أَنْ تَسْتَعِدَّ لِاِعْتِرَاضَاتٍ مُحْتَمَلَةٍ. لَا تَذْهَبْ أَبَدًا إِلَى الْاِجْتِمَاعِ مَعَ الْعِلْمِ عَلَى وَجْهِ الْيَقِينِ بِأَنَّ لَدَيْكَ إِجَابَةً عَلَى اِعْتِرَاضِه

إِلْيَاسْ: مَاذَا لَوْ لَمْ يُحِبَّنِي ؟

جَابِرٌ: لَنْ يُحِبَّكَ الْجَمِيعُ يَا إِلْيَاسُ. أُرِيهِ أَفْضَلَ نُسْخَةٍ مِنْ نَفْسِكَ ، وَلَكِنْ تَذَكَّرْ دَائِمًا أَنَّكَ لَا تَسْتَطِيعُ إِرْضَاءَ الْجَمِيعِ

Ilyas: I have a little dilemma, could you help me?
Jabir: What's the problem?

Ilyas: There is this girl that I like. But I don't know how to approach her father for her hand in marriage. As a married man, can you give me some tips?
Jabir: I'm probably not the best person to ask, but I would say, be confident, smile, engage with him in conversation, and show him that you really want to marry his daughter.

Ilyas: How should I deal with any objections?
Jabir: You have to prepare for possible objections. Never go into the meeting without knowing for sure that you have an answer to his objections.

Ilyas: What if he just doesn't like me?
Jabir: Not everybody will like you, Ilyas. Show him the best version of yourself, but always remember that you cannot please everyone.

آمِنَةٌ: كَمْ مَرَّةً تُرْسِلِينَ رَسَائِلَ إِلِكْتِرُونِيَّةً كَجُزْءٍ مِنْ عَمَلِكِ ؟

دِينَا: أَنَا أَعْمَلُ فِي الْمَبِيعَاتِ عَبْرَ الْهَاتِفِ ، لِذَلِكَ الرَّسَائِلُ الْإِلِكْتِرُونِيَّةُ مُتَكَرِّرَةٌ جِدًّا. عَلَيْنَا أَنْ نَلْحَقَ بِالزَّبَائِنِ بِاسْتِمْرَارٍ عَنْ طَرِيقِ الْبَرِيدِ الْإِلِكْتِرُونِيّ

آمِنَةٌ :أَيُّ مُزَوَّدُ بَرِيدٍ إِلِكْتِرُونِيٍّ تَسْتَخْدِمِهَا ؟

دِينَا: نَحْنُ نَسْتَخْدِمُ بَرِيدَ مُنَظَّمَتِنَا لِأَسْبَابٍ تَتَعَلَّقُ بِالْخُصُوصِيَّةِ. عَلَى الرَّغْمِ مِنْ أَنَّ لَدَيَّ الْبَرِيدَ الْإِلِكْتِرُونِيَّ الْخَاصَّ بِي ، وَأَنَا أَسْتَخْدِمُ هُوتْمِيلْ لِذَلِكَ

آمِنَةٌ: هَلْ تَتَلَقَّيْنَ الْكَثِيرَ مِنَ الْبَرِيدِ الِاعْلَانِى فِي الْعَمَلِ ؟ تَرَقِيَاتٍ ، أَشْيَاءَ مِنْ هَذَا الْقَبِيلِ ، هَلْ تَعْلَمِينَ ؟

دِينَا: أَحْصُلُ عَلَيْهِمْ دَائِمًا. إِنَّهُمْ مُزْعِجُونَ لَكِنَّنِي تَعَلَّمْتُ التَّعَامُلَ مَعَهُمْ

آمِنَةٌ: أَنَا أَكْرَهُ عِنْدَمَا يَسْتَخْدِمُ النَّاسُ الْبَرِيدَ الْإِلِكْتِرُونِيَّ التِّلْقَائِيَّ لِلرَّدِّ عَلَيْكَ. يَجِبُ أَنْ يَكُونُوا مَشْغُولِينَ ، لَكِنْ بِالتَّأْكِيدِ يَجِبُ أَنْ يَكُونُوا قَادِرِينَ عَلَى الرَّدِّ فِي نِهَايَةِ الْمَطَافِ ، أَلَيْسَ كَذَلِكَ ؟

دِينَا: أَتَّفِقُ مَعَكِ

<u>Dialogue #49</u>

Aminah: How often do you send emails as part of your job?

Dina: I work in telesales, so emails are very frequent. We have to constantly catch up with clients via email.

Aminah: What email provider do you use?

Dina: We use our organization's email for privacy reasons. Although I do have my own personal email. I use Hotmail for that.

Aminah: Do you receive a lot of junk mail at work? promotions, things like that, you know?

Dina: I get them all the time. They are annoying but I have learned to deal with them.

Aminah: I hate It when people use automated emails to reply to you. They must be busy, but surely, they should be able to eventually reply, right?

Dina: I agree with you.

الْحِوَارُ الْخَمْسِينَ

رَانِيَا: هَلْ لَدَيْكِ أَيُّ حَيَوَانَاتٍ أَلِيفَةٍ؟

عَالِيَا: أُرِيدُ أَنْ أَمْتَلِكَ حَيَوَانَاتٍ أَلِيفَةً ، لَكِنَّ عَائِلَتِي لَا تُحِبُّهُمْ. يَعْتَقِدُونَ أَنَّهُمْ سَيَكُونُونَ كَثِيرًا مِنَ الْمَتَاعِبِ لِلتَّعَامُلِ مَعَهُمْ

رَانِيَا: وَالِدَيَّ اِعْتَادُوا عَلَى التَّفْكِيرِ فِي ذَلِكَ أَيْضًا. عَلَيْكِ أَنْ تُقْنِعِينَهُمْ بِأَنَّ الْحَيَوَانَاتِ الْأَلِيفَةَ هِيَ اِسْتِثْمَارٌ مَدَى الْحَيَاةِ. كَلْبِي غَيَّرَ حَيَاتِي

عَالِيَا: أَوَدُّ أَنْ يَكُونَ لَدَيَّ كَلْبٌ! أَيُّ سُلَالَةٍ كَلْبُكِ؟

رَانِيَا: لَدَيَّ رَاعِي أَلْمَانِي. لَقَدْ رَبَيْتُهُ مُنْذُ أَنْ كَانَ جَرْوٌ صَغِيرٌ. لَقَدْ كَبُرَ كَلْبِي كَثِيرًا لِدَرَجَةِ أَنَّ أَصْدِقَائِي يَفْزَعُونَ عِنْدَمَا يَرَوْنَهُ

عَالِيَا: كَيْفَ أَقْنَعْتِ وَالِدَيْكِ بِشِرَاءِ رَاعِي أَلْمَانِيٍّ؟

رَانِيَا: عَلَيْكِ أَنْ تُظْهِرِي لَهُمْ أَنَّكِ تَهْتَمِّ بِصِدْقٍ. الْكِلَابُ عَمَلٌ شَاقٌّ لَكِنِّي أُحِبُّ الْعَمَلَ وَأُحِبُّ كَلْبِي. أَظْهِرِ لَهُمْ أَنَّكِ قَدْ أَجْرَيْتِ بَحْثَكِ عَنِ الْكِلَابِ وَ تَعْرِفِينَ عَلَى كَيْفِيَّةِ الْعِنَايَةِ بِهِمْ بِشَكْلٍ صَحِيحٍ ، وَ أَظْهِرِ لَهُمْ أَنَّكِ قَدْ وَفَّرْتِ الْقَلِيلَ مِنَ الْمَالِ ، إِنَّ الْكِلَابَ تَطْلُبُ الْقَلِيلَ مِنَ الْأَمْوَالِ، أَخِيرًا كُونِي ثَابِتَةً فِي طَلَبَكِ ، فِي النِّهَايَةِ سَيَقُولُونَ نَعَمْ

Rania: Do you have any pets?

Aliyah: I want to have pets, but my family doesn't like them. They think that they are too much of a hassle to deal with.

Rania: My parents use to think that as well. You have to convince them that pets are a lifelong investment. My dog has changed my life.

Aliyah: I would love to have a dog, what bread is your dog?

Rania: I have a german shepherd. I have raised him since he was a little puppy. My dog has grown so much that my friends freak out when they see him.

Aliyah: How did you convince your parents to buy you a german shepherd?

Rania: You have to show them that you genuinely care. Dogs are hard work, but I like the hard work and I love my dog. Show them that you have done your research about dogs and know how to properly care for them, show them that you have saved a bit of money. Dogs do require a bit of funds, and finally be persistent in your asking, eventually, they will say yes.

My final request…

Being a smaller author, reviews help me tremendously!

It would mean the world to me if you could leave a review.

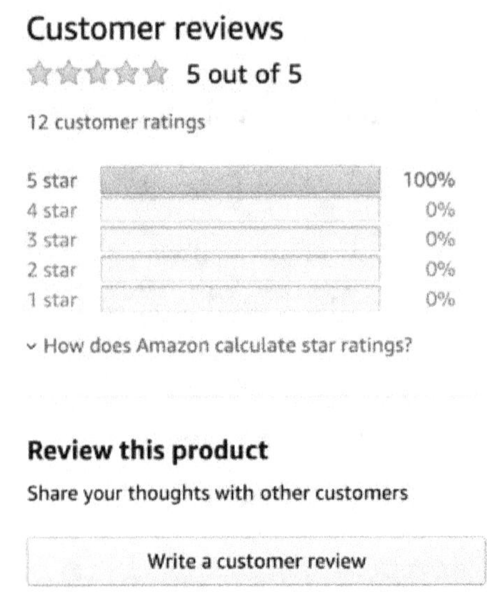

If you liked reading this book and learned a thing or two, please let me know!

It only takes 30 seconds but means so much to me!

CONCLUSION

I hope you have enjoyed the conversations in this book and have managed to extract vocabulary from them. Please take note of the expressions that were mentioned in the dialogues, as they are usually the easiest to pick up and memorize for complete beginners.

I started out the conversations relatively easy so that the absolute beginner could follow along. However, as the dialogues began to unfold, they became more complex and longer. this was done to likewise accommodate the intermediate student.

To take the most benefit out of the dialogues in this book. I would recommend you to practice them with your friend that is also trying to learn Arabic, with each of you roleplaying one character in the dialogues.

RESOURCES

Richard Kuehn, P., 2021. *Five Reasons Dialogues Help Develop Listening and Speaking Skills*. [online] Owlcation. Available at: **https://owlcation.com/academia/Use-of-Dialogues-in-Developing-Listening-And-Speaking-Skills**

Richards, O., n.d. *Attacking Language Dialogues – I Will Teach You A Language*. [online] I Will Teach You A Language. Available at: **https://iwillteachyoualanguage.com/blog/attacking-language-dialogues**

Paisley, V., 2019. *5 Reasons Why Conversation Practice Is Key to Learning a Language - Learnlight Insights*. [online] Learnlight Insights. Available at: **https://insights.learnlight.com/en/articles/conversation-practice-is-key-to-learning-a-language**